EL PLAN
DE AMOR
MEDITERRÁNEO

SIETE SECRETOS PARA LA PASIÓN
DE POR VIDA EN EL MATRIMONIO

STEPHEN Y MISTY ARTERBURN
CON BECKY JOHNSON

☘Vida

EL PLAN DE AMOR MEDITERRÁNEO
Edición en español publicada por
Editorial Vida - 2017
Nashville, Tennessee

©2017 por Editorial Vida
Este título también está disponible en formato electrónico.

Originally published in English under the title:
The Mediterranean Love Plan
Copyright © 2017 by Steve Arterburn
Published by permission of Zondervan, Grand Rapids, Michigan 49530.
All rights reserved
Further reproduction or distribution is prohibited

Editora en Jefe: *Graciela Lelli*
Traducción: *Juan Carlos Martín Cobano*
Adaptación del diseño al español: *S.E.Telee*

ISBN: 978-0-82976-788-9

CATEGORÍA: RELIGIÓN/Vida cristiana/Amor y matrimonio

IMPRESO EN ESTADOS UNIDOS DE AMÉRICA

17 18 19 20 21 DCI 5 4 3 2 1

CONTENIDO

¿MATRIMONIO MONÓTONO O UN *GRANDE AMORE?*

Dirijo un espacio radiofónico en un programa con llamadas en directo llamado *NewLife Live*, en el que la gente llama para contarme, a mí, a mi copresentadora y al mundo, sus problemas privados y más. Tal vez no sorprenda que la mayor parte de esas llamadas giren en torno a cuán difícil es sentir pasión con respecto a las personas que aman, que solían amar o que se supone que han de amar (por no hablar de todas las cosas destructivas que han hecho después de que el amor comenzara a perder intensidad). También recibo un montón de llamadas de solteros que buscan a esa persona perfecta que solucione todos sus problemas, cure todos sus males y sane todas sus heridas (o eso quisieran).

Luego están esos centenares que encontraron al amor de su vida, se casaron y pasaron una temporada romántica en la que coqueteaban como novios o, apasionados, hacían el amor a capricho. Pueden recordarse corriendo en alguna playa, entre risas y besos, envueltos en la belleza del mar, de la arena y de su pareja. Pero entonces el trabajo, los niños, las presiones de la vida y la simple y llana negligencia se adueñaron de la situación, y lo que una vez fueron llamas vivas ahora empiezan a ser meras ascuas. Por desgracia, ese es el camino que con frecuencia recorre el amor si nos limitamos a dejar que nuestras relaciones sigan su curso natural. Sin embargo, las parejas sabias pueden crear las condiciones que mantengan su pasión encendida. Esa es la razón por la que Misty y yo escribimos este libro. Está en nuestro corazón el deseo de ver a los matrimonios vencer las deprimentes estadísticas que dicen que el romance comienza a perder intensidad poco después de que esos dos soñadores enamorados se digan el «sí quiero».

Sin embargo, es cierto que los neurotransmisores del «enamoramiento» duran como media unos increíbles seis meses completos. Los estudios al respecto han mostrado que, una vez que se cierra el suministro de poción amorosa natural por parte del cerebro, la luna de miel se termina. La mayoría de las parejas vuelven a centrarse sobre todo en el trabajo, se adaptan a las rutinas mundanas en su casa recién hipotecada y pronto se convierten en padres con menos horas de sueño y, con el tiempo, con menos contacto entre ellos, en todos los sentidos. Entonces llega un día en que se despiertan sintiéndose más solos en su matrimonio de lo que se sintieron incluso cuando eran solteros. Van a la deriva, preguntándose quiénes son, con quién se casaron, y cómo algo que se prometía tan apasionado había podido convertirse en algo tan insulso. Sin vida. Sin amor. Sin sexo.

Sin saber cómo manejar las inevitables decepciones y problemas, ven que tiende a hacer acto de presencia el CQC de la vida desgraciada: critica, queja y comparación. Los cambios son tan extremos que las parejas se sienten aturdidas. La desesperanza substituye a la felicidad, y la única palabra para describir el desastre es «terrible». Cuando veo parejas así, no puedo evitar pensar en víctimas de un accidente. Uno, o ambos, parece estar en un estado de *shock* y necesitado de rescate. A estos casos severos los llamo vuelcos radicales. Conforme el matrimonio se va convirtiendo en una zona de guerra emocional, el marido y la esposa se sienten casi irreconocibles entre sí.

Pero ni siquiera estos casos extremos carecen de esperanza, siempre y cuando la pareja pida la clase de ayuda adecuada lo más pronto posible.

Otras parejas, más que un vuelco radical, lo que experimentan es un colapso de brazos caídos. Estos se asientan en rutinas cómodas y viven matrimonios insípidos que no son particularmente dolorosos, sino que se parecen más a socios de negocios con una meta a conseguir, sea cual sea el contenido de esa meta. Ya no son una pareja apasionada con sueños compartidos de un futuro largo y feliz.

En lugar de eso, sus corazones se han separado, viviendo con tristes pesares y con sueños que han quedado sin cumplir.

- «Después de todos estos años, nos amamos. Somos buenos amigos. ¿Pero la chispa, el romanticismo, la seducción? Eso son recuerdos de la luna de miel que se difuminaron hace mucho tiempo».
- «Después de pasar toda la noche despierta con el nuevo bebé, seguimos deseando irnos juntos a la cama… solo para *dormir*».

En una escena de *Bajo el sol de la Toscana*, dos jóvenes enamorados piden permiso a sus padres para casarse. La madre de ella, desilusionada con su propio matrimonio, insta a su hija a no hipotecar su vida con su pobre pretendiente polaco. Le dice que eso del amor es un cuento de hadas, que el amor verdadero es una fantasía, dándole a entender que debe buscarse más bien un marido con riqueza y estabilidad.

Pero justo entonces interviene la abuela, declarando con emoción: «Yo tuve un *grande amore*, un gran amor: tu padre. ¡Y nunca lo olvidaré!».

Ah, me hace suspirar.

¿Es posible un *grande amore* en la acelerada cultura occidental de hoy? ¿Acaso la mayoría de las parejas no siguen juntas por obligación más que por pasión? La idea de vivir toda una vida enamorados ¿es cosa del pasado, de cuentos de hadas y novelas románticas?

Bueno, depende.

Depende de si están dispuestos a hacer algo más que limitarse a aguardar que se pase la vida, esperando al reloj. Si no son ambos proactivos en cuanto a la pasión, puedo garantizarles que un día se quedarán mirando sus «depende» y se preguntarán: «¿Qué hicimos mal? ¿Cuándo murió el romance?». Y eso si aún siguen juntos.

¿Tiene alguien en realidad un matrimonio que sea cada vez más romántico con el paso de los años, una unión fuerte y deslumbrante que dure para siempre? Si están dispuestos a cambiar su forma de pensar y se arriesgan a intentar algunas de nuestras sugerencias (aun cuando los saquen un poco de su zona de confort), creo que la respuesta es un apasionado «¡sí!». La pregunta del millón es: «¿Cómo exactamente hacemos que el cuento de hadas se haga realidad?

¿Cómo mantenemos la chispa no solo *encendida*, sino *creciente y resplandeciente* por décadas?».

Me alegra que lo preguntes.

Hay centenares de libros sobre la comunicación en el matrimonio y otros tantos más sobre cómo revitalizar tu vida sexual. Pero, siendo realistas, ¿quién quiere comunicación con alguien que se ha vuelto aburrido y tedioso o que ha bloqueado sus propios deseos? ¿Quién desea hacer el amor con alguien que está cumpliendo con el deber conyugal, tachándolo de la lista de tareas? La verdad es que ningún libro puede arreglar un matrimonio si uno, o los dos, de la pareja ha perdido el entusiasmo por la vida y el compromiso de darle máxima prioridad a mantener el romanticismo.

Después de décadas de estudiar el matrimonio, descubrí que hay escasez de libros acerca de cómo vivir de una manera sensual y apasionada, en la totalidad de la vida, con tu compañero o compañera. El romanticismo es mucho más que salir juntos una noche o una escapada de una semana. Para tener una vida de amor apasionado hacen falta dos personas que estén sensualmente enamoradas de la vida y el uno del otro. Imagínate sacando el sueño que tenías de un romance para toda la vida y quitándole el polvo como a un cuadro que habías almacenado en una estantería. Ahora imagínate llevándote ese cuadro a un viaje por el Mediterráneo, en el que te encontrarás con apasionados maestros del arte como Da Vinci, Picasso y Miguel Ángel. A ellos les encanta tu cuadro, pero también te señalan dónde necesita unas gotas de luz, dónde es preciso dar más intensidad a los colores, y te muestran cómo añadir hermosos detalles, apuntes que hacen que tu cuadro casi cobre vida. Con la ayuda de los maestros, tu cuadro tiene ahora tanta vida que prácticamente puedes oír la música de la cafetería y oler las flores en sus alféizares. Ahora imagínense que entran en el cuadro, juntos, donde continúan creando momentos exultantes y recuerdos románticos que jamás se disiparán.

En las próximas páginas, espero ayudarlos, a ti y a tu cónyuge, a crear una visión de una vida y un matrimonio apasionados, algo parecido a ese cuadro. Esto puede implicar quitarle el polvo a una antigua visión de un matrimonio romántico que en otro tiempo te parecía valiosa, o a crear una visión renovada de cuán divertido puede ser un matrimonio con intimidad. Y asistiremos a la Escuela del Arte del Romance con los maestros de la pasión, aprendiendo lecciones de amor desde el Mediterráneo, donde los expertos en vivir de una manera más sensual nos ayudarán a poner más luz, color y belleza en nuestras relaciones. ¡Todo ello con la meta alcanzable de ayudar a la revitalización de tu matrimonio!

Compartiremos fascinantes investigaciones acerca de los secretos científicos de la creación de pasión, tomados de cinco de los países más famosos por su romanticismo a lo largo del Mediterráneo: Grecia, Francia, Italia, España e Israel.

Cierto, es posible que los países mediterráneos no lo hagan todo bien (como cumplir con los plazos o separar a los hombres de la cocina de mamá), pero entienden de pasión.

Los países que nos dieron a Miguel Ángel, Sócrates, *Les misérables*, la ópera, la luz de la Toscana, el fabuloso vino, los cremosos *fettuccini*, los humeantes sorbos de un rico café expreso, el Cantar de los Cantares, etc., tienen una larga historia de románticos apasionados. En este tema, son los expertos del mundo. De los españoles, los hombres pudieron aprender cómo a amar de veras a una mujer, de tal manera que la esposa dé las gracias por haber nacido mujer. Y una esposa sabia puede inspirar a su marido a declarar: «Yo soy Espartaco» con unas pocas lecciones de algunas de las sabias, seguras y apasionadas mujeres del Mediterráneo.

Las parejas estadounidenses (¡Misty y yo entre ellas!) pagan sumas considerables por cruceros en el Mediterráneo y viajes a Italia o a París, por lo general con un propósito principal en mente: enamorarse más profundamente de la vida y el uno del otro. Recordar el romanticismo. Detenerse y oler las rosas, los olivares, la pizza con ajo y un buen Burdeos. El instinto nos dice adónde ir para reiniciar nuestros motores de sensualidad, y no es a Montreal, Hong Kong ni Londres: es a Italia, Francia, Grecia y España. Y, cuando tenemos hambre de más pasión en nuestras vidas espirituales, contratamos viajes a Tierra Santa, para caminar donde cobran vida las historias de la Biblia. Los países que están junto a ese mar azul y centelleante tienen algo mágico, místico y maravilloso.

Misty y yo tenemos un hogar lleno de niños, desde la edad del jardín de infancia a la universitaria, así que pedimos pizza a domicilio y la devoramos delante del televisor con la familia entera mirando un partido de fútbol o una película de Disney.

Y cada vez que abro una caja de pizza y huelo el aroma del pan fresco, del ajo y de los tomates, me transporta a un momento del tiempo con mi querida esposa.

Hace unos años, después de mucho tiempo ahorrando para unas vacaciones en el Mediterráneo, nos encontramos sentados en una playa en Nápoles, Italia. El sol estaba alto, pero el calor lo aliviaba la brisa fresca del Mediterráneo, esa maravillosa agua azul que hasta entonces solo había visto en fotos y videos. Pero, en ese momento, allí estaba, tan imponente como lo había soñado. El agua era como terciopelo líquido azul que se mecía hasta la cálida arena donde estábamos sentados, con las piernas cruzadas, comiendo algo que no podía describirse simplemente como pizza. Esta «comida de los dioses» nos caía por las manos, de modo que teníamos que doblar el pan para dar un bocado; el rico aceite de oliva mezclado con la salsa de tomate fresco goteaba y nos caía por la comisura de los labios. Cada sentido estaba vivo en ese momento, y en ese lugar nos veíamos el uno al otro libres de imperfección y defecto. No elegimos besarnos, nos *vimos forzados* a besarnos, en uno de esos besos en los que quiere más y más el uno del otro, un beso que se niega a terminar, que centellea, que funde a los dos en uno.

He visto cientos de películas románticas, y todo lo que puedo decir es que, en ese momento, en el Mediterráneo, Misty y yo éramos la película. Todos los elementos que evocan la pasión estaban presentes: el sublime aroma de la pizza, la brisa apacible en nuestras caras, la arena caliente bajo nuestros pies. Cuando acabamos de comer, caminamos en el agua fresca y radiante del Mediterráneo, riendo mientras nos salpicaba y bañaba las piernas.

El tiempo pareció detenerse en esa tarde de calor, y nos sentíamos llenos a rebosar de amor por nuestras vidas y el uno por el otro. Incluso mientras escribo esto, el recuerdo y las sensaciones de amor y de conexión con Misty burbujean de nuevo.

Esto es lo que los recuerdos de pasión nos hacen, ¿no es cierto? Llevan nuestros pensamientos a los momentos dulces de nuestra historia común. Y, al revivirlos en nuestra mente, nos sentimos bendecidos de nuevo con sentimientos mutuos cargados de sensualidad en el presente.

En los últimos diez años o más se han publicado una serie de libros que cantaban las alabanzas de las dietas mediterráneas. Pero lo que los libros de dietas no dicen es que la salud, la felicidad y la longevidad no consisten solo en comer más verduras aliñadas con aceite de oliva y regadas con un merlot. Se trata también de vivir en una cultura que da prioridad y énfasis a la pasión, el romanticismo, la belleza y la sensualidad como un modo normal de existencia. Los estudios muestran que, más allá de la comida y del ejercicio, hay otro factor común entre la gente que vive muchos años: aman bien y, como resultado, son amados.[1]

Si queremos más de la *joie de vivre*, más de la *dolce vita* en nuestros matrimonios, ¿por qué no estudiar a los maestros de la pasión? No solo para revitalizar nuestras relaciones, sino para reavivar la llama de la pasión por la vida misma. En este libro he reunido lo mejor de los estudios, entrevistas e ideas de los países más románticos del mundo; también voy a compartir cómo vivimos Misty y yo los principios de la pasión en nuestra vida cotidiana, manteniendo nuestro amor fresco y vivo, incluso con una casa llena de niños y una lista de tareas interminable.

En el siguiente capítulo voy a revelar cómo los siete misterios de la intimidad por excelencia de culturas antiguas del mar Mediterráneo pueden ayudar a las parejas a crear las condiciones para una pasión vibrante y una conexión enriquecida. Estos secretos ayudarán a que su amor se intensifique con el tiempo, en lugar de ir agonizando. Si tu pareja y tú lo aplican, les prometo que estarán en el buen camino a experimentar un auténtico *grande amore*.

Un breve apunte sobre la voz de este libro. Misty y yo recordamos, comentamos y escribimos juntos; sin embargo, nos pareció poco práctico ir alternando su voz y la mía. Así que, para simplificarlo, optamos por escribir desde mi voz. Pero debes saber que mi perspicaz esposa ha contribuido con sus pensamientos, recuerdos e ideas a lo que estás a punto de leer.

Pueden suceder cosas realmente buenas, incluso después de mucho tiempo, y es una gran sorpresa.

— FRANCES MAYES, *BAJO EL SOL DE LA TOSCANA*

CAPÍTULO I

LOS SIETE SECRETOS MEDITERRÁNEOS PARA LA PASIÓN

¿Nunca habéis conocido a una mujer que os inspire a amarla hasta que todos vuestros sentidos se llenen de ella? Inhalándola, saboreándola, descubriendo en sus ojos a vuestros futuros hijos y comprendiendo que vuestro corazón por fin ha hallado un lugar.

—DON JUAN DEMARCO

En la película *Don Juan DeMarco*, un psiquiatra de mediana edad (interpretado por Marlon Brando) tiene que ayudar a un joven, aparentemente desequilibrado (interpretado por Johnny Deep), que se oculta tras un antifaz y afirma ser el auténtico Don Juan, el mayor amante de la historia. El terapeuta intenta que el joven..., en fin, recupere el sentido, vuelva a ser cuerdo, normal. Que esa identidad sea falsa o verdadera es algo que va perdiendo importancia conforme avanza la película, se da vuelta a la tortilla terapéutica y el romántico incurable está de repente enseñando al pragmático psiquiatra acerca del arte español de la seducción y el amor.

Pasan las semanas de terapia y el maduro psiquiatra se ve cada vez más influenciado por las filosofías románticas de su cliente. En su hogar, comprueba cómo él mismo está despertando a sus sentidos y convirtiéndose en un amante más atento y apasionado con su bella y a menudo abandonada esposa. Hacia el final de la película, vemos al terapeuta bailando un vals con su esposa mientras anda con ella por la playa en la isla de Eros, habiéndose desarrollado como un hombre con renovada pasión por la vida misma, una pasión que se enciende al cortejar a su propia esposa.

Amigos varones, me encantaría que el libro que tienen delante encendiera su Don Juan (monógamo) interior. Queridas mujeres, deseo que abracen plenamente toda su feminidad con el hombre de su vida. Quiero que ambos comiencen a vivir vidas apasionadas, impregnadas de sus sentidos, cuando estén juntos y cuando estén separados.

Tengo que admitirlo, exige un cierto esfuerzo de concentración aprender y practicar el arte de vivir y amar a un nivel alto. Nada mata el romance y la pasión tanto como permitir que un matrimonio simplemente siga su desarrollo natural. Si no son proactivos a la hora de aplicar los secretos de la pasión en su matrimonio, cada día, no pasará mucho tiempo antes de que su relación vaya con piloto automático: ambos estarán dando prioridad a sus listas propias listas de tareas en lugar de sacar tiempo para estar juntos sin prisa y celebrar su amor.

Uno no se encuentra en un matrimonio monótono de la noche a la mañana; sucede lentamente, poco a poco. Pero, si desatienden su matrimonio, podrían despertar un día y (inserta un sonoro bostezo) sentirse ambos hastiados, en el mejor de los casos; o atrapados, en el peor.

Debes actuar deliberadamente para sacar tu Don Juan interior (o tu Zorba el Griego, Sofía Loren, Valentino, Julieta, Helena de Troya o Pepe Le Pew). Como afirma un viejo adagio mediterráneo: «El amor es como el buen pan: hay que hacerlo nuevo cada día». Dicho esto, ¿qué es exactamente lo que hacen los grandes románticos para mantener encendido su entusiasmo por la vida y su deseo de intimidad?

Quisiera comenzar a responder a esa pregunta compartiendo un estudio fundamental sobre el tema del éxtasis (la emoción, no la droga).

SIETE SECRETOS PARA UNA
RELACIÓN MÁS APASIONADA

A principios de los años sesenta, la escritora e investigadora Marghanita Laski realizó un estudio que llegó a convertirse en un clásico acerca del tema del éxtasis.[1] Descubrió que había ciertos elementos en torno a las experiencias de la alegría apasionada y del amor romántico. Se producían con tanta frecuencia que comenzó a llamarlos desencadenantes del éxtasis.

Entre los desencadenantes de experiencias extáticas estaban:

- encontrarse en la naturaleza
- observar arte o escuchar música
- descubrir nuevos conocimientos
- la belleza
- experiencias espirituales y religiosas
- el movimiento rítmico
- el amor sexual y el contacto delicado

Partiendo de mi propia investigación y observación, otros indicadores comunes de la pasión son:

- alegría, humor y risa
- conexión íntima, que satisface el alma
- una comida preparada y consumida con amor y a conciencia

Al incorporar más de estos placeres que Dios nos ha dado en nuestra vida cotidiana, nos convertimos en personas más sensuales, más felices. Y, cuando una pareja alienta y comparte regularmente muchos de esos desencadenantes de la pasión, o, como yo prefiero llamarlos, inductores de la intimidad, el romance sigue floreciendo.

Contrasta las prácticas enumeradas arriba con lo que vemos, con demasiada frecuencia, en los matrimonios estadounidenses modernos: rostros pegados a los celulares, manos en los juegos de computadora, maridos en sus santuarios masculinos mirando los deportes desde sus poltronas, mujeres tan demencialmente atareadas que han perdido el contacto con sus propias emociones, hijos que observan cómo sus padres viven vidas paralelas en lugar de vidas entrelazadas y profundamente conectadas por medio del romance íntimo y el amor lleno de sentimientos. Me duele el corazón por tantas parejas en apuros, que están sopesando cada día la pregunta que divide y deteriora cualquier relación: «¿Debo quedarme o marcharme?». No es extraño que hayamos perdido nuestra pasión y necesitemos un plan para hallarla, alimentarla y experimentar el amor romántico en toda su misteriosa grandeza.

Combinando, agrupando y destilando lo que Laski aprendió sobre los desencadenantes del éxtasis con las prácticas que conducen a la pasión en los países más románticos del mundo, he elaborado los siguientes Siete Secretos de la Pasión, que aquí te revelo:

1. *El secreto de la sintonización.* Estar en la misma sintonía, sincronizarse con regularidad, usando todos nuestros sentidos.

2. *El secreto del carácter divertido.* Estar plenamente involucrados en cosas que ambos cónyuges encuentran que aportan una sensación de diversión infantil y alegría al matrimonio.

3. *El secreto de saborear la comida.* Cocinar o compartir una comida romántica puede intensificar y enriquecer la experiencia de estar juntos, de maneras sorprendentes.

4. *El secreto de disfrutar la belleza.* Rodearnos de belleza eleva e inspira nuestros sentidos y hace salir el romántico que hay en todos nosotros.

5. *El secreto de la creatividad y las aventuras compartidas.* Dedicarse juntos a artes o proyectos creativos, o a aventuras emocionantes, enciende los neurotransmisores que permiten conexiones románticas intensas e intimidad en compañía.

6. *El secreto de la salud, el bienestar y la longevidad.* Permanecer juntos de una manera saludable mediante un estilo de vida equilibrado y naturalmente activo conduce a un mayor disfrute también en la cama, incluso a edades avanzadas.

7. *El secreto de fundir lo sagrado y lo sexual.* Las parejas que entretejen con naturalidad y con éxito su conexión espiritual con Dios y su deseo humano de estar juntos y ser uno llevan su matrimonio al

reino de la intimidad por excelencia. Un propósito sagrado compartido también aumenta la pasión por la vida y el amor mutuo.

NOTA AL MARGEN: EL TANGO ES COSA DE DOS

Aunque una persona que aplique estos principios puede volverse más apasionada y tener cierta influencia sobre su pareja, un gran amor requiere que haya dos personas dándolo todo para que su matrimonio sea lo más apasionado posible. Una persona puede ciertamente inducir y ayudar a que se desencadene el romanticismo, pero, como el matrimonio es cosa de dos, una persona que esté sola en su intento no puede crear verdadera intimidad.

Por tanto, quiero decirte aquí que, si tu pareja está atrapada en una de las Cuatro Aes Letales —abuso, adicción (ya sea de drogas, alcohol, pornografía, comida, compra compulsiva, ludopatía o alguna otra), abandono o adulterio— necesitarás un consejero profesional que sea experto en ayudarte a navegar entre esas cuestiones que pueden minar tu matrimonio. (De hecho, tal vez quieras plantearte comenzar con un fin de semana intensivo de transformación para matrimonios en NewLife). Si hay arraigados trastornos de la personalidad (como el trastorno límite o narcisista de la personalidad), síndrome de Asperger o enfermedad mental (como un trastorno bipolar o una esquizofrenia), tendremos también serios problemas, o incluso auténticos obstáculos, para un matrimonio de intimidad y pasión. También los abusos sexuales en el pasado pueden precisar de cariño, cuidados y la guía de expertos que entiendan la trayectoria particular que necesita para su recuperación.

Estas son cuestiones complejas que ningún libro sobre el matrimonio puede solucionar por sí solo. Aunque me gustaría mucho poder decir que el amor de una persona puede vencer todas las enfermedades en un matrimonio, no puedo hacerlo. Para la intimidad hacen falta dos personas que deseen la cercanía y la pasión en su matrimonio. Puede ser que no la estén experimentando, pero ambos la quieren. Algunos problemas, sin embargo, erosionan tanto un matrimonio que no puede darse la intimidad si no se reconstruyen primero los fundamentos rotos de la seguridad, la confianza y el compromiso, con ayuda y apoyo expertos. Así que procura la ayuda profesional que necesites para reparar cualquier grieta en tus fundamentos relacionales, y utiliza este libro como un recurso para comenzar a añadir actividades positivas, que contribuyan a reedificar la intimidad en tu matrimonio.

Ahora que he cumplido con mi deber y responsabilidad profesionales de decirte que este libro no es la manera de solucionar todos los problemas del matrimonio, quiero contrarrestar eso con otra pieza vital de realidad. Las ideas y los sueños presentados en este libro podrían ser el desencadenante que los lleve a reimaginar por completo su matrimonio. Un momento inolvidable, una tentativa inesperada de romanticismo, puede ser justo la chispa necesaria para encender el fuego del cambio y la transformación. Te sorprendería ver cómo la aplicación de apenas uno o dos de estos secretos mediterráneos del romanticismo pueden sacarte de una rutina relacional, tal como nos ocurrió a Misty y a mí.

En un punto determinado de nuestro matrimonio, Misty y yo caímos en una de esas espirales de una relación en las que siempre estábamos hiriendo susceptibilidades el uno del otro, y estar juntos empezaba a parecerse a un trabajo. Ambos nos lamentábamos del daño de vivir juntos, pero emocionalmente nos sentíamos aislados. Así que hicimos algo radical. Empaquetamos todo nuestro resentimiento y amargura, dejamos a los niños con familiares y amigos de confianza, y nos fuimos a pasar juntos una semana a un sitio precioso lejos del trabajo, los portátiles, la tele y los celulares (había un teléfono local al que nuestra familia podía llamar para localizarnos en caso de emergencia, pero nada más). Una vez que estuvimos realmente lejos de todo, sin distracciones, pudimos aplicar varios de los secretos para el romanticismo que compartimos en este libro, incluyendo la ralentización de nuestra vida a la velocidad del latido del corazón del otro, dando a nuestro matrimonio el tiempo y el espacio que nos permitiera sincronizarnos y sintonizar de nuevo (véase el capítulo 2 para saber más sobre la sintonización, un poderoso ingrediente de la pasión).

Llegamos con una desesperación profunda. Antes de salir de la isla, habíamos recuperado los lazos del matrimonio que teníamos antes de haber empezado a separarnos sutilmente, el matrimonio apasionado que todavía hoy tenemos. No hay en el mundo matrimonio que no necesite un ajuste (o una revisión) ocasional. Gracias a Dios, antes de esta escapada nos habíamos familiarizado con las herramientas relacionales para reparar y mejorar nuestro matrimonio. Pero lo que necesitábamos en ese punto era detener el mundo, aminorar la marcha y aplicar esos secretos una vez más, en una semana de concentración para sanar, conectar y disfrutar. Fue «mano de santo».

También quiero decirte que puedes explorar y aplicar los misterios del Mediterráneo a tu propia vida para recuperar el contacto con la alegría apasionada de vivir, independientemente de si participa tu compañero. A aquellos de ustedes que están saliendo con alguien o que buscan pareja, este libro los ayudará a convertirse en la persona más apasionada que pueden ser. Y los ayudará a dar con una pareja que posea cualidades que contribuyan a un matrimonio duradero lleno de alegría, intimidad y romanticismo.

Por último, la pasión puede presentar muchos rostros durante épocas de enfermedad o de crisis, del nacimiento de un bebé o de la vida con los niños. Para una madre agotada, el inductor definitivo de intimidad puede ser un marido que está dispuesto a realizar su turno de noche con el recién nacido. Cuando la pareja está luchando con cualquier clase de enfermedad, desde una gripe a un cáncer, lo idílico no estará tanto en la parte erótica como en los cuidados tiernos y cariñosos. Cuando cualquiera de los dos, o ambos, se enfrenta a una crisis —desde un padre moribundo a un hijo adolescente metido en las drogas— el rostro de la pasión se parecerá más al de la compasión. La pasión abraza todos los sentidos y emociones de la experiencia humana, entre las cuales la sexualidad es solo una más. Es una importante, sin duda, pero deben ser flexibles y comprensivos cuando uno de los dos está pasando una mala racha. Pregúntale a tu pareja enferma, dolorida o agotada en qué puedes ayudarla, qué necesita o qué le haría sentirse mejor en ese momento, y cumple con lo que te pida. Deja que el romance y la pasión adquieran nuevos significados que harán más profundos su amor e intimidad, incluso cuando la vida duele.

A lo largo de este libro mencionaremos películas y personajes, libros y citas. Algunas de estas películas o libros y personajes son de una moral obviamente errónea. No apoyamos ni pasamos por alto las líneas argumentales que glorifican cosas como la promiscuidad, pero nos centraremos en las escenas que ilustran vívidamente uno de los secretos para la pasión. Nuestro propósito es señalar y recoger estos elementos de la pasión y traerlos a un matrimonio comprometido. Por tanto, rogamos tu tolerancia y comprensión: guarda los indicadores sobre la pasión; desecha los argumentos o personajes que no cumplen con el ideal de Dios para el matrimonio.

Finalmente, en los capítulos siguientes te daremos más información e ideas que cualquier pareja puede emplear posiblemente en un breve espacio de tiempo. Según vayas leyendo, te sentirás atraído hacia algunas ideas que despertarán tu interés o serán alimento para tu alma. Toma nota de ellas; de hecho, si es posible, lee el libro con un marcador o un bolígrafo y subraya los pensamientos e ideas que más te hablan, quizás secciones que te hacen palpitar de alegría o esperanza, o una cita que te hace soltar una lágrima. Comienza aplicando las sugerencias que más te jalan del corazón, y no te abrumes pensando que tienes que hacer de alguna manera todo lo que sugerimos en este libro, de una vez. Esperamos que este sea un libro que puedas guardar en tu librería y retomar una y otra vez, a lo largo de los meses y años próximos, cuando necesites un intensificador de la pasión.

Y ahora, sin más preámbulos, ¡destapemos los misterios que desencadenan la pasión, crean las condiciones para la cercanía y traen una renovada sensación de romanticismo a tu matrimonio!

El amor se marchita con la rutina. Su propia esencia es la sorpresa y el asombro. Cuando el amor cae prisionero de lo mundano, queda despojado de toda su pasión para siempre.

— LEO BUSCAGLIA

CAPÍTULO 2

EL SECRETO
DE LA SINTONIZACIÓN

Si hay un país que parece tenerlo todo, ese es Italia. La majestuosidad de la arquitectura romana, el exuberante paisaje ondulado, salpicado de olivares y viñedos. ¡Y esos aromas! El aire fresco y puro que viene del mar, los omnipresentes olores que se derraman desde hogares y cafés, donde siempre hay alguien horneando, guisando o removiendo algo que sabrá mejor de lo que te imaginas. Dondequiera que mires en Italia, hay una escena digna de un cuadro o de una foto más. No importa cómo intentes captar la belleza de Italia, con los pinceles o la cámara, no hay nada como estar ahí, en carne y hueso, con todos tus sentidos vivos ante su resplandor.

Claro, eso si realmente estás allí cuando vas.

Lo cierto es que puedes estar en Italia y perderte Italia. Puedes estar en un bus turístico, corriendo sobre el asfalto, captando vislumbres borrosos del paisaje desde la ventanilla, constantemente distraído por el ruido y el charloteo de los otros viajeros. Puedes encontrarte en el lugar más bello del mundo, en cualquier parte del planeta, y, por culpa de las preocupaciones o distracciones que compiten por tu pensamiento, puedes perderte la gloria de estar plenamente presente para la maravilla que tienes delante.

De la misma manera, podemos perdernos la belleza gloriosa de nuestra pareja cuando no aminoramos la marcha, no desconectamos las distracciones y no sintonizamos así el uno con el otro con todos nuestros sentidos.

Afortunadamente, cuando Misty y yo pudimos realizar ese viaje por el Mediterráneo para el que habíamos estado tanto tiempo ahorrando, nos tomamos el tiempo necesario para salir de entre la muchedumbre y encontrar la sintonía total, sintiéndonos casi uno con el lugar. Hicimos una inmersión entre sus gentes, su ritmo más pausado, y en todo lo que pudiéramos absorber de la cultura. Estuvimos juntos en Pisa, Nápoles, Palermo, Roma y otros bellos escenarios, y no nos perdimos ningún detalle de su cultura centenaria. Nos deleitamos en cada experiencia. Además, sentíamos que éramos uno el uno con el otro. Fue un momento único y precioso en el tiempo, en el que pudimos apartarnos de todas las distracciones que habíamos dejado en casa en el centro de Estados Unidos y entramos en sintonía con las vistas, sonidos, olores, gustos y texturas del idílico Mediterráneo, y en sintonía entre nosotros.

Tal como ese gran cantante melódico italiano, Dean Martin, cantó, «de eso están hechos los recuerdos».

Pero en su momento tuvimos que regresar a casa, como todos los turistas. Durante algún tiempo, el recuerdo de un ritmo más tranquilo, de estar completamente relajados y presentes el uno para el otro, perduró. Pero no por mucho tiempo. Por muy agradable que sea, no existe recuerdo lo bastante fuerte como para cambiar totalmente la manera como funcionamos juntos al estar de vuelta en casa, en la vida cotidiana. A menudo puedes, sin embargo, decidir traer a casa la esencia de lo que has experimentado en otra parte y aplicarla a tu matrimonio, y observar cómo florece poco a poco la pasión entre ustedes. La esencia de lo que Misty y yo experimentamos en Italia fue el secreto de la *sintonización*, aunque en aquel entonces yo no tenía idea de lo que significaba esa palabra.

En la universidad fui estudiante de música, así que sabía cómo afinar un piano para que las teclas dieran sus notas en armonía. Esta es una buena ilustración de lo que significa sintonizar en las relaciones. Es la capacidad de ajustar el foco hasta que esté sincronizado, en armonía, con la persona que amas.

Este concepto ha sido el desafío definitivo para mi cerebro tan disperso y acelerado. Soy un veterano de la Guerra del Trastorno de Déficit de Atención contra las Relaciones. Si supieras cuán duro he tenido que pelear para conseguir una conexión profunda a nivel humano. Eso de la conexión, de lo que tanto había oído, no era nada fácil y, una vez que la conseguí, me parecía imposible mantenerla a largo plazo. De hecho, los dos hemos luchado por mantener una estrecha conexión, pero por distintas razones.

En mi caso, el trastorno por déficit de atención con hiperactividad (TDAH) produce una conducta con trastorno a nivel interno, de modo que nunca me resulta fácil mantener la concentración y la sintonía. Para quienes no tienen este problema, déjenme que les explique cómo es para nuestros cerebros en apuros. Imagínate tratando de tener una conversación con tu esposa, solo que tus cabellos están en llamas, ardiendo sobre tu cabeza. Mientras estás tratando con toda intensidad de escucharla, fijarte en los matices de su expresión y ser sensible a cualquier gradación emocional, todo lo que ves son las llamas de tu cabeza reflejadas en sus ojos. Tratas de concentrarte en sus palabras; asientes, respondes. Luego te sacudes las cenizas que caen de tu cabeza. Te dices: «Concéntrate, concéntrate, concéntrate», pero hueles a carne quemada. Sigues asintiendo, reconociendo el valor de sus palabras, le pides que te cuente más (evitas que se te vayan los ojos tras el humo), te concentras, escuchas con más ahínco, sigues asintiendo, amando, respondiendo. Pero, mientras ella está hablando, tú estás esperando el momento de poder al fin meter la cabeza en un cubo de agua. ¡Ha sido un esfuerzo descomunal controlar tu cerebro en llamas mientras practicabas tus habilidades de escuchar con profunda atención! En ciertos momentos, a eso es a lo que se parece estar sintonizado para mí. Sin embargo, si no puedo sintonizar porque me estoy centrando más en el incendio forestal de los pensamientos de mi cabeza que en el corazón de mi esposa, eso supone un precio para ambos.

¿Alguna vez le has confiado a alguien un pedazo vulnerable de tu corazón, le has contado algo que significaba mucho para ti, y como respuesta has recibido lo que parecía una breve contestación forzada, para luego retomar la conversación dirigiéndola a un tema que parecía interesarle más? Todos hemos experimentado eso; Misty y yo nos lo hemos hecho mutuamente. Pero, cuanto más experto me hago en controlar mis pensamientos de correr a apagar el fuego, mejor puedo sintonizar.

He procurado todos los recursos disponibles para tratar mi TDAH de adulto, y mi esfuerzo por conseguir ayuda para mis luchas con la concentración no solo me ha servido a mí, también ha significado mucho para Misty.

Estoy muy lejos de haber alcanzado la sintonía perfecta, pero estoy mejorando mis capacidades de atención para escuchar, he mejorado a la hora de contestar a las respuestas de Misty de una manera meditada, procurando fijarme en sus indicios faciales y hacer que dure un poco más cualquier tema de conversación con ella. Como suele decirse, la lucha es real, pero sé que, si de vuelta en casa quiero experimentar todo lo que Misty y yo sentimos en Italia, tengo que conquistar la sintonización, la última frontera de mi conexión íntima.

Hace muchos años, John F. Kennedy pronunció las palabras: «Elegimos ir a la Luna». Recuerdo que cuando lo dijo sonó como a novela de ciencia ficción en los oídos estadounidenses. En los teléfonos inteligentes de hoy tenemos más tecnología de la que tenía todo el programa espacial de la NASA a principios de los sesenta. No obstante, Kennedy declaró algo insólito. «Elegimos ir a la Luna».

En una declaración similar de fe, yo me dije: «Elijo sintonizar». Y, créeme, con el escaso repertorio de habilidades con que cuento, también podría haber dicho: «Me voy a la Luna».

Pero Misty y yo no queríamos sino experimentar el ser uno como esposos, y estábamos dispuestos a lo que hiciera falta. Algo asombroso sucede cuando, desde lo más profundo del alma, estamos listos para el cambio. Conforme nos abríamos a nuevas posibilidades y maneras de pensar en nuestras vidas, comenzamos milagrosamente a cambiar. Si un tipo con TDAH como yo puede ejercer la concentración y conexión, creo que todo el que esté dispuesto puede hacerlo.

Ahora quiero que Misty nos hable de la sintonización con sus propias palabras, dado que sus luchas para conseguirla han sido diferentes de las mías. Creo que a muchos de ustedes les resultarán familiares sus retos.

(Misty) Un desafío al que me enfrento cada día es la práctica de mantener mi corazón tierno y abierto, incluso frente a los temores y a mi tendencia a la autoprotección. Durante mi infancia, en mi querida familia, con frecuencia no había límites saludables, así que desarrollé la habilidad de levantar muros. Mi hermana y yo invadíamos nuestros respectivos espacios con frecuencia en nuestra casa de pequeñas dimensiones, donde el territorio personal era todo un privilegio. A menudo decíamos lo que sentíamos, cuando lo sentíamos, con la intensidad con que lo sentíamos, soltándolo sin pensarlo ni revisarlo. Aprendí a hacerme más grande, ruidosa y feroz ante lo que me pareciera una amenaza. Tan estrecha como era nuestra relación de hermanas, y con lo mucho que nos amábamos, en los momentos de conflicto había una lucha en mi interior. Esos episodios eran caóticos, intensos y espantosos, y lo compensaba con las mejores destrezas de supervivencia que pude reunir: estando en tensión, hipervigilante, lista para reaccionar, defenderme y protegerme en todo instante. Ahora veo que esas habilidades las compartimos muchos de los que hemos crecido en hogares con un alto nivel de conflicto y pocos límites. Sin embargo, esas mismas capacidades que nos ayudaron a manejar nuestro caos como niños ya no nos sirven como adultos, y pueden socavar la conexión y la intimidad que deseamos en un matrimonio saludable.

Todas las relaciones vienen con altibajos, épocas de dulce conexión y épocas de dolor, de malentendidos y desconexión. Pero entrar en un matrimonio normal con altibajos normales con un chip hipervigilante insertado en el hombro puede ser una garantía de problemas. Un simple desacuerdo o una pequeña irritación pueden convertirse en un conflicto importante.

En lo que respecta a sintonizar con Steve, debo primero poner a Dios en el centro y practicar la conexión con él. En sintonía con el amor de Dios por mí, y con su protección, ejerzo la confianza en él en mi vida diaria. Cuando estoy segura en esa relación, cuando estoy firme y bien arraigada en su amor y cuidado por mí, estoy menos tendente a reaccionar desde el temor o la aparente amenaza en cualquier situación, y desde luego cuando se trata de mi marido. En esos momentos en los que estoy a punto de estallar reaccionando hacia Steve, lo mejor que puedo hacer es un paréntesis. Respirar profundamente. Con frecuencia oro la Oración de la Serenidad y establezco una zona neutral antes de responder. Dios viene a mi encuentro en ese paréntesis. Y, por mi parte, yo voy al encuentro de Steve.

Todos los días son una oportunidad para desconectar y cerrar mi corazón, ofendida o herida, para endurecer el caparazón que me rodea, obrando así de manera reactiva, dañando e hiriendo a mi esposo, el hombre a quien amo y junto a quien anhelo estar. En lugar de eso, puedo aprovechar la oportunidad para abrir mi corazón, mantenerlo abierto, aunque tenga que usar una palanca para abrirlo un poquito más, de modo que pueda acercarme a mi marido en lugar de alejarme. Me resulta difícil hacerlo. Yo quiero reaccionar. Quiero juzgar y enseñarle cómo tiene que vivir. Mi respuesta natural es querer controlar los resultados. Puedo engañarme a mí misma pensando: «Si le explico la situación "de esta manera" a Steve, tal vez las cosas cambien. O, si se lo explico una vez más, poniendo más sentimiento, ahí estará el truco. O quizás consiga el cambio que quiero si cierro dando un ruidoso portazo».

Con todo, Dios sigue enseñándome amablemente que mis reacciones instantáneas son contraproducentes. No nos ayudan ni a mí, ni a Steve ni a nuestro matrimonio. Así que estoy aprendiendo y haciendo aquello que me da miedo, lo que va contra mi instinto: acercarme a Steve con un corazón abierto cuando lo que más deseo es cerrarme en banda o salir corriendo. Insisto, no me resulta fácil. Tengo que reunir todo mi valor para inclinarme hacia mi marido cuando mis viejos hábitos de reacción me están ordenando: «Levanta un muro».

En esos momentos, llegar a ser quien escucha y no quien habla puede costarme todo lo que tengo dentro. Procurar entender antes de conseguir que me entiendan. Pero aquí les doy un titular: cada vez que consigo aminorar la marcha desde mi lado, salir de mi zona de reacción y buscar la verdadera necesidad de mi esposo durante un conflicto, llegamos al corazón del asunto de manera mucho más agradable y rápida. Creo que muchas mujeres que lean esto, sobre todo las que en su infancia no se han sentido seguras en las relaciones, lo entenderán. Para mantener abierto mi corazón tengo que estar firme en mi condición de adulta: descansando en mi conexión con Dios, recordando que tengo que elegir una respuesta meditada en lugar de una reacción automática.

La sintonización significa que tengo empatía con mi cónyuge. Puedo ver su alegría por algo del trabajo, y puedo gozarme con él. Puedo notar que hoy está un poco decaído y ayudarlo amablemente. Puedo ver que está molesto y no desentenderme. Puedo contener su hemorragia emocional, porque sufro por él, y puedo superar ser ofendida, por el propósito superior de abrazar su corazón en su dolor. Significa que puedo entender de dónde viene; puede ser que no me guste, pero sé que, más que una conferencia mía, lo que necesita es una siesta. O una comida. Significa que, cuando me despierto antes que él, cierro la puerta con cuidado para cuidar su sueño. Estoy en sintonía con sus necesidades, y a la vez con las mías. Y él está pendiente de mí, apoyándome también, de la misma manera.

(Steve) Nuestro matrimonio nos ha aportado el entorno adecuado para curar viejas heridas y aprender nuevas maneras de estar en nuestra relación. Para la sintonización se necesitan dos personas que estén dispuestas a comprenderse, y a cuidarse de verdad, con el fin de conectar. Si la conexión íntima no te llega de manera natural, no te desesperes. Pide la ayuda que necesites a consejeros o mentores experimentados, y después aparta un tiempo y lugar regulares para la práctica diaria de la sintonización. Aquello a lo que demos prioridad crecerá y florecerá. Esto es una aventura de por vida dedicada a la comprensión mutua, a mantenerse abierto y procurar la humildad, a anhelarse mutuamente. Cuando se consigue crear sintonía y conexión resulta emocionante. Todos los que participan tienen a su alcance un matrimonio que llena de alegría, inspira asombro y hace crecer el amor.

Ahora Misty y yo tenemos nuestros propios momentos mediterráneos de sintonización cada día. Avanzamos juntos en un nivel profundo y de intensos sentimientos, y para experimentar esta felicidad no tenemos que pagar las sumas que cuesta visitar otro país.

Casi cada noche posible en nuestro matrimonio, después de llevar a la cama a los pequeños, pasamos un buen rato juntos en nuestra bañera grande, compartiendo las experiencias del día y los sentimientos surgidos de ellas. En esos momentos, hemos hecho planes de futuro y soñado con ideas para intentar cambiar el mundo. Pero principalmente estamos ahí simplemente el uno *con* y *para* el otro el tiempo suficiente para sintonizar, hasta un punto que nunca creí posible. Esta práctica cotidiana, sagrada para nosotros, ha sido un superadhesivo que nos ha mantenido juntos cuando parecía como si el mundo, la carne e incluso el diablo (a veces nos lo parecía) quisieran hacernos pedazos. Para nosotros, el lugar donde con frecuencia mejor sintonizamos ha resultado ser nuestra gran bañera para dos.

Aparte del agua caliente, que nos ayuda a relajarnos y a estar completamente presentes el uno para el otro, al pasar tiempo juntos de esta manera se crea una dinámica interesante. La vulnerabilidad de la exposición física lleva también a una significativa vulnerabilidad emocional. En esos momentos, para nosotros es muy importante el nivel de seguridad y confianza que debemos proporcionarnos mutuamente. Estar en la presencia del otro, desnudos y cara a cara, hablando en el agua, es un curso superior de confianza, aceptación, intimidad y transparencia.

El perímetro de la bañera es un límite conveniente, crea un espacio exclusivo para nosotros, donde nadie más tiene acceso ni posibilidad de interrumpir. Es nuestro lugar de estar juntos, solo para nosotros. Todos estos años, los miles de veces que hemos celebrado nuestras «reuniones nocturnas», como las llamamos, representan una experiencia interesante. Nos hemos reído juntos en nuestra tina, hemos llorado y compartido dolores intensos; hemos discutido, comentado la agenda, nos hemos abrazado en silencio, y, sí, en ocasiones nos hemos ido como flechas de allí al dormitorio.

Con todo nuestro corazón, Misty y yo queremos ver a otras parejas descubrir y practicar el arte de la sintonización. La bañera ha sido nuestro santuario, pero no te preocupes si ustedes no tienen una. Basta con que encuentren un lugar tranquilo en el que puedan pasar juntos cada día al menos unos veinte minutos, desconectar del mundo y sintonizar entre ustedes. Podría ser su dormitorio, el balancín del porche, una vereda del parque, los extremos de su sofá o un acogedor rincón de la cocina; no importa dónde, siempre y cuando sea especial para ustedes, privado y relajante. (Si tienen hijos conviene enseñarles que no interrumpan en ese momento del día, o disfrutar ese momento tan pronto como se hayan ido a la cama).

Me siento orgulloso y feliz de decir que, aunque nuestra vida está más que llena y requiere trabajo por parte de los dos, nuestro matrimonio suena ahora como un piano Steinway por fin bien afinado. He pasado mucho tiempo viajando. Este año pasado fue el año último de Women of Faith, un evento de conferencias que puse en marcha dos décadas atrás. Su tour de despedida fue especial, y Misty y yo sentimos que yo tenía que estar con los conferencistas, a los que había llegado a amar y admirar, para celebrar la milagrosa bendición de que las conferencias de Women of Faith han contado con más de cinco millones de mujeres, y con este hombre tan afortunado. Pero ahora me he quedado en casa, sin viajar, durante una buena temporada, y ha sido maravilloso. En varias ocasiones, Misty me ha sorprendido de pie y con la mirada fija en medio de nuestra familia, observándolos hacer lo que hacen las familias. «¿En qué piensas?», me preguntó en uno de esos momentos.

Le sonreí, con el corazón a rebosar y los ojos húmedos, y dije: «Estoy muy agradecido por no perderme esto».

Me había perdido muchas cosas debido a mi cerebro propenso a la distracción y a las presiones y viajes del trabajo. Estoy más motivado que nunca para mantenerme en sintonía con mi magnífica esposa y nuestros preciosos hijos. No quiero perderme mi vida. Así que doy gracias y sigo practicando.

EL BELLO ARTE (Y RIESGO) DE ENTABLAR RELACIONES

Hago un poco de *coaching* con gente que busca amor, además de dar consejo a las parejas casadas que procuran recuperar su romanticismo. Les digo: «Mira, no vas a llegar a ninguna parte en el amor si no interactúas. Con mirar al suelo y fijarte en los detalles de tus zapatos no consigues nada. Tienes que hacer lo que sea necesario para tratar y superar el temor, la ansiedad, el orgullo y la arrogancia para convertirte en una persona atenta, agradecida y que se relaciona con los demás. De esa manera comienzas las relaciones, y las construyes día a día sin dejar de estar atento y de conectar con la gente».

Si te desconectas de los demás, o no interactúas, te pierdes el fundamento del amor romántico.

Mi hijo Solomon tiene, en el momento de escribir esto, nueve años de edad; es sumamente brillante, y muy guapo. Recientemente, una tarde dimos un paseo en bici juntos. En el viaje de vuelta, vimos a dos niñas en la acera con un perro muy lindo. A Solomon le encantan los perros y parece que se le dan bien las niñas (algo que yo ignoraba antes de ese paseo). Aparcó su bici, se dirigió hacia ellas y les preguntó si podría acariciar su macota. Sonrieron y le dijeron que sí. Cuando se agachó para interactuar con el animal, entabló conversación con las niñas, contándoles lo mucho que le gustaban los perros y que aquel era uno de los más lindos que había visto.

Entonces mi niño, con toda naturalidad, les preguntó cómo se llamaban. Ellas respondieron, contentas, y Solomon siguió con otra pregunta: «¿Cómo se llaman sus maestros?». Las niñas respondieron y Solomon reaccionó con una amplia sonrisa, diciendo: «Ah, por eso me parecía que las conocía. La semana pasada estuve echando una mano en su clase. Recuerdo que las vi allí cuando estaba ayudando con las mates. Bueno, creo que debo irme».

En este punto, no pude evitar fijarme en que las dos hermanitas estaban sonriendo mirando en la dirección de mi muchacho. Lo observé regresar a su bici de dos ruedas, plegar la palanca de apoyo y comenzar a rodar, pero entonces miró atrás y les dijo a sus encantadoras y receptivas nuevas amigas: «¡Gracias por dejarme acariciar su perro!».

Lo que descubrí esa noche, de nuevo, fue que mi hijo de nueve años tiene el «factor x» cuando se trata de relacionarse con la gente. Él siguió lo que le dijo su corazón y asumió un riesgo para detener su bici cuando vio que algo que le gustó (un perro lindo), y entabló una conversación. Pidió permiso para acariciar al perro (mostrando respeto por el área de privacidad de sus dueñas) y después hizo un cumplido a las chicas con respecto a algo que obviamente tenían en común (el amor a los perros). Después asumió un riesgo al aprender sus nombres y señalar otra cosa que tenían en común: una conexión en la escuela. Expresó su gratitud y se despidió educadamente. Su facilidad para relacionarse con otros llenó de orgullo a su viejo papá. Algún día, cuando Solomon esté más interesado en las muchachas que en los perros, estas cualidades le van a ser muy útiles.

Lo que acabo de describir, y lo que Solomon ya está descubriendo, es algo que los psicólogos llaman «sintonización». En su forma más simple, la sintonización significa estar consciente de la otra persona y ser receptivo a ella. En las relaciones románticas, también implica sincronizarse de tal modo con la pareja que el resto del mundo desaparezca.

Monty Roberts, el mundialmente famoso hombre que susurraba a los caballos, acuñó el término *join up* (unión) para referirse a la comunicación sin palabras entre un ser humano y un caballo, cuando un vaquero estudia y aprende a hablar el lenguaje de los equinos. Este lenguaje, como se puede apreciar, es una serie precisa de gestos entre iguales (más que un control de amo sobre esclavo) que construye confianza y afecto. Es mágico observar cómo se produce esta conexión entre el ser humano y el reino animal. (Buscando en Google «Monty Roberts» y «join up» verás algunos ejemplos en YouTube). Pero más increíble aún es experimentar la unión emocional entre un hombre y una mujer.

En el matrimonio, nos unimos o sintonizamos el uno con el otro hablando cada uno el lenguaje del otro, tanto verbal como no verbal. No como una manera de controlar o manipular, sino como un modo de experimentar el ser uno juntos, como pareja, y comunicar en lo más profundo respeto, interés, afecto y amor. Es muy bueno para potenciar el factor pasión en toda relación. Misty y yo practicamos ahora un hábito que ayuda mucho en el matrimonio: hacer un paréntesis, concentrarnos y sintonizar el uno con el otro en algún momento de cada día. Por supuesto, la mayor parte del gozo que ahora nos viene de manera natural no se ha producido porque sí. Es una felicidad ganada a pulso, pulida con plena disposición mutua, con esfuerzo proactivo y mucha práctica.

UN PUEBLO ESPECIALIZADO EN EL TOQUE

A los solteros en busca del amor romántico les digo: «Tienes que *tocar* a las personas» (de una manera apropiada, claro está). Y, en este ámbito de la conexión, ningún país destaca tanto como Italia.

No es ningún secreto que los italianos tienden a ser almas expresivas, emocional, verbal y físicamente. No pueden imaginarse una conversación sin usar las manos para gesticular o para tocarse cuando hablan. Ni siquiera los periodistas pueden tener las manos quietas mientras cuentan las noticias en la tele. Pero tal vez te sorprenda la gran diferencia cuantitativa entre el contacto en los países anglosajones y en las culturas latinas.

En un famoso estudio de los años sesenta, observaron a las personas de un café, hablando por una hora, en varios países. En Inglaterra, la tierra de los remilgados, introvertidos y políticamente correctos, no había contacto. Cero. Los americanos no estaban mucho mejor, con una media de solo dos toques por hora. En Francia, sin embargo, el contacto subía hasta ciento diez cada hora. En un estudio posterior, se descubrió que, durante una conversación típica, los italianos se tocaban con una frecuencia ¡casi tres veces superior a la de una pareja francesa promedio! (Conexión piel con piel en cantidades industriales).[1]

¿Qué tiene que ver el contacto informal con la pasión en el matrimonio? Un estudio tras otro muestra que las parejas que literalmente no se quitan las manos de encima, incluso a edad avanzada, están más en sintonía. Incluso sus corazones tienden a sincronizarse y latir con el mismo ritmo cuando duermen. Los científicos señalan que, cuando una persona está estresada, la ansiedad comienza a disminuir cuando el ser amado la abraza o agarra su mano.[2]

No sorprende, pues, que las parejas que van de la mano en público o que tienden a acariciarse la mejilla o ponerse la mano en el hombro sean las que más probabilidades de premio tengan al volver a casa. Toques leves y regulares de cariño tejen los hilos de la conexión entre hombres y mujeres que con el tiempo crean lazos duraderos de pasión, compromiso y romanticismo.

En mi consejo para cuando están saliendo con alguien, les digo a las mujeres: «Ocasionalmente, en la conversación, construye un puente de conexión tocando el dorso de la mano de él, su hombro o su brazo». Un leve toque me dice, sin palabras: «No tengo miedo. No soy mojigata ni estirada. Estoy cómoda». Es increíble lo que hace ese pequeño contacto para atraer a un hombre hacia una mujer y disipar la necesidad de protegerse a sí mismo o las ideas erróneas acerca de quién es ella.

Aconsejo a los hombres: «Toca amablemente a tu pareja en la espalda cuando la acompañas para pasar entre mucha gente o por una puerta. No le pongas la mano demasiado abajo ni demasiado arriba ni demasiado tiempo. Un simple toque respetuoso». Y ese leve contacto galante es a menudo la señal que a ella le hace perder la incomodidad y establecer una conexión.

Cualquiera que haya estado enamorado puede señalar el momento en que sus ojos se encontraron con los de otra persona en una mirada algo más que casual. Es la mirada la que suele llevar la relación desde una simple atención educada a una verdadera interacción, sobre todo si va seguida de comentarios y preguntas que ya no son superficiales. Si acompañas esta conversación de contactos informales, leves, pero apropiados, eso puede sellar una conexión significativa en los archivos de memoria del cerebro. Cuando apliques los secretos de entablar una relación a nivel profundo, ya sea en una primera cita o en la enésima cita con tu cónyuge, descubrirás que la persona con la que estás abrirá con naturalidad su corazón y se comunicará de una manera más expuesta y profunda contigo.

LOS SECRETOS DE LA SINTONIZACIÓN
DE LOS HOMBRES ITALIANOS

Cuando se trata de establecer conexión con la persona amada, por medio de la conversación y el contacto, la mirada y las preguntas, compartiendo y reafirmando, los italianos lo tienen realmente encarrilado. Destapemos algunos de sus otros secretos para establecer contacto profundo con el sexo opuesto.

Es generoso con los cumplidos y las expresiones de gratitud. Un italiano «trabajará duro para mejorar y para hacer que la destinataria de sus sentimientos sepa que ella es la elegida. Cuando un italiano conoce a una mujer, descubre cuál es la mejor característica de ella —su sonrisa, su generosidad o sus largas piernas— y la celebra como si fuera el primero en hacerlo. Solo con la manera de mirarla, hace que una mujer se sienta especial y llena de potencial. El reflejo de sí misma que verá en los ojos de él la llenará de deseo, y se quedará sin aliento por la expectación. Un italiano siempre consigue a la chica, porque la hace enamorarse de él tanto como la hace enamorarse de sí misma. ¡Ese es el secreto!».[3]

Por supuesto, el italiano no siempre consigue a la chica, pero su manera de tratar a una mujer aumenta enormemente sus posibilidades. Y una de sus maneras más efectivas para crear conexión positiva es mostrando aprecio y gratitud. ¿A quién no le gusta que le den las gracias? Es una verdad sencilla pero profunda, y paradójica: si quieres que te aprecien, la manera más eficaz de hacerlo posible es simplemente dando las gracias. Una de las cosas que he notado con respecto a las parejas casadas más felices y saludables es que «viven en gratitud» mutua. Habitúate a agradecer a tu pareja por las muchas cosas que hace y que te hacen la vida más agradable. «Gracias, cariño, por preparar una cena tan deliciosa»; «Muchas gracias por haberme lavado el auto»; «Me encanta la ternura con que ayudas a la hora de acostar a los niños, y más sabiendo que también tú estás agotado». Señala los dones de tu cónyuge; reconócelos y valóralos verbalmente. Colma de sinceros cumplidos a la mujer que amas, expresa tu gratitud por todo lo que hace, y observa cómo florece igual que una flor al sol.

Establece las condiciones ideales para una conversación significativa. El italiano sabe, quizás mejor que los hombres de cualquier otro país, que el camino al corazón de una mujer se traza a menudo pasando por su cerebro, mediante una conversación llena de sentido. Según la web italiana Zoomata, en un reciente estudio de una revista realizado con más de mil varones italianos, el 68 % afirmaban llevarse un libro a la playa para fomentar la conversación con mujeres. En torno al 80 % de ellos cargaban con la Biblia o la *Divina comedia* de Dante (que no es lo que los estadounidenses considerarían una buena lectura playera, pero los italianos obviamente saben algo más sobre la conexión con las mujeres a un nivel profundo, y no les da miedo esa lectura).[4]

Lo de los libros en la playa parece funcionarles a los italianos. Pero aquí en Estados Unidos he notado que no hay nada tan bueno para iniciar conversaciones como un ladrido en el parque. Llevar contigo un perro aumenta las probabilidades de conversación en un 2.456 %, según una encuesta informal que hice en mi cabeza. A menos que tu perro sea un *pit bull* o un dóberman. Si quieres conocer gente, acompáñate de un perro con ojos grandes y pelaje suave. También pueden valer un gatito, un conejo o incluso un lémur. Solo tiene que ser un animal que parezca suave al tacto y suplicante de que lo tomes en brazos.

Utiliza el arte del toque tierno. Por último, los italianos son los maestros en esos toques informales, ocurrentes, que hacen temblar las rodillas de una mujer. «Los italianos adoran lo femenino y prestan atención a los detalles: desde una suave caricia en la mejilla en un momento apasionado a jugar en la playa con tu cabello rizándolo con sus dedos».[5]

Sorprende el aumento de investigaciones sobre el valor del tacto en nuestro bienestar y sentimientos de conexión, vínculo e intimidad. Los neurocientíficos han descubierto que el contacto físico activa el área del cerebro que enlaza con los sentimientos de recompensa y compasión. Un simple toque puede desencadenar la liberación de oxitocina (la «hormona del amor) y estimular asimismo el nervio vago, que suscita los sentimientos de compasión. Un toque amable no solo nos sosiega, sino

> Tocar puede ser dar vida.
>
> —MIGUEL ÁNGEL

que también es saludable, calmando la tensión vascular y fortaleciendo el sistema inmune. Todas estas emociones nos vinculan y nos hacen sentirnos parte del mismo equipo, trabajando hacia una meta común. De hecho, los equipos de la NBA cuyos jugadores tienen más contacto entre sí —palmadas en la espalda y abrazos de colegas— ¡ganan más partidos!

Pasar suavemente la mano por el brazo de una mujer puede aumentar las opciones de un hombre en el amor: un estudio mostró que dos tercios de las mujeres aceptaron la invitación a bailar de hombres que las tocaron en el brazo un segundo o dos antes de pedírselo.[6] Nunca subestimes el poder de un contacto leve, de refilón, para fortalecer los lazos en tu matrimonio.

LOS SECRETOS DE LA SINTONIZACIÓN DE LAS MUJERES ITALIANAS

Por si piensas que los hombres italianos tienen el monopolio de la interacción exitosa con el sexo opuesto, me gustaría presentarte a algunas mujeres italianas que tienen mucho que enseñar a las damas estadounidenses acerca del amor apasionado.

Nunca duda de su poder femenino. «Mi *Zia* [tía] Concettina tiene la estructura propia de su origen campesino —una barriga grande pero firme, hombros anchos y piernas fuertes como las de un toro—, pero para mí siempre será el retrato de la feminidad. En un día normal, puede cargar con un niño de trece kilos en la cintura, lavar el piso de rodillas y transportar canastas de tomates en la cabeza. Pero, dondequiera que vamos, los hombres (e incluso las mujeres) acuden atraídos como Tony Soprano al *prosciutto*. Creo que el truco está en la chispa de su mirada, en su risa contagiosa y su humor picante. No le da miedo contonear sus caderas y lanzar miraditas a perfectos desconocidos, especialmente hombres».[7]

Ve su cara y su cuerpo como el lienzo de un artista. El periodista Hugo McCafferty es un irlandés que lleva diez años casado con una italiana, y ahora es el orgulloso padre de tres niños italoirlandeses. En una entrevista por correo electrónico, Hugo compartió sus ideas sobre la mujer italiana: «Las italianas no se ponen algo encima y ya está; desde su más tierna juventud hasta que son abuelas muestran una coherencia en lo que visten, un *look*. Y eso les da seguridad; incluso las de aspecto sencillo y típico se mueven con confianza, y eso en sí mismo ya resulta seductor. Hasta las que no destacan por su belleza se ven atractivas a cierta distancia; las más bellas ya son fuera de serie. Parece que las italianas saben que son una impresionante y maravillosa obra de Dios, pero no tienen miedo de adornar esa obra de Dios con unos trapitos creativos y de buen gusto.

> En el tocador, todas las mujeres tienen la posibilidad de convertirse en artistas, y el arte, como dijo Aristóteles, «completa lo que la naturaleza no terminó».
>
> —Sophia Loren

Es sinceramente apasionada. La mujer italiana siente las cosas con intensidad y es famosa por tener sus emociones a flor de piel. «Ya sea rompiendo en lágrimas al escuchar a Celine Dion, o dándote un abrazo entusiasmado sin razón aparente, nunca tendrás un momento aburrido» escribió McCaffery.

También es abierta con sus sentimientos de gratitud y admiración por su hombre. Yo soy el agradecido destinatario de sinceros cumplidos por parte de mi esposa que me atraen hacia ella y que contienen algo de ungüento curativo. Crecí con dos hermanos mayores que me daban cualquier cosa menos ánimos, y desde muy joven me sentí un inepto. Esto condujo a lo que los terapeutas llaman una herida nuclear en mi vulnerable corazón de muchachito. Cualquier traición, abandono o sentimiento de fracaso reabre esa herida. Yo tenía esperanzas en que el éxito acallaría las viejas voces de la vergüenza. Pero ni tener un *best seller* en la lista del *New York Times* lo arregló. Tampoco me lo curó ser el Emprendedor del Año, ni que me admitieran en el Salón de la Fama de los Oradores. Ningún logro calmó el dolor interior de sentirme insuficiente.

Entonces un día Misty me comentó lo que había estado hablando con una amiga suya que quería publicar un libro. En respuesta a una petición de consejo, le dijo a su amiga: «Bueno, Steve lo sabe todo sobre esto. Estará encantado de ayudarte en lo que haga falta. Tiene muchísima experiencia y le encanta ayudar a los escritores noveles a encontrar su camino. También le encanta divulgar recursos buenos y útiles para el mayor número de gente posible. Déjame hablar con él».

¡Bravo! Fue el grito que salió de esta alma dolida e insuficiente. El grito pareció haber salido de un niño de diez años. No había nada mejor que Misty pudiera haber dicho para ayudarme a sentirme más competente como hombre. El efecto de su sincera y estimulante fe en mí fue, como decimos en el mundo de la psicología, reparador. La confianza de mi esposa en mis capacidades y mi carácter me hicieron andar con la cabeza más alta, y la vieja herida de mi interior comenzó a sanar.

Lo que estoy tratando de mostrarles a las lectoras de este libro es que ustedes tienen mucho poder en sus manos, tanto para construir la autoestima de sus maridos como para tratar viejas heridas que otros les hayan causado en el pasado. Intenta averiguar en qué aspecto puede haber recibido más daño tu esposo siendo niño, y halágalo, con sinceridad, cuando ves que necesita ánimo.

Y si ensalzas a tu hombre delante de otros también, eso es doble bendición. No importa cuánta confianza en sí mismo parezca tener tu esposo, la mayoría de los varones somos simples muchachitos por dentro, colgados boca abajo de los columpios, esperando que nuestra chica se fije y nos diga lo fuertes y talentosos que somos.

En un matrimonio nunca sobrarán, por muchos que sean, los halagos del marido a la esposa, y viceversa. La mayoría de nosotros, hombres y mujeres, hemos soportado una gran cantidad de críticas, y le hemos dado más y más vueltas en nuestra mente. Un matrimonio puede ser una gran fuerza sanadora para todas esas viejas heridas, aplicando el bálsamo de la afirmación positiva.

Es, por naturaleza, una amante de la buena mesa. Las italianas crecen haciéndose expertas en el jardín y la cocina. Saborean la comida recién hecha, vistosa, sana, con ninguna de las fobias alimenticias tan comunes entre las estadounidenses.

«Aman la comida, viven para ella, se la comen, la comentan, aplauden de entusiasmo cuando ven un menú de restaurante».[8] En otras palabras, las italianas parecen saber instintivamente que la comida es una forma de conexión, de experiencias sensuales, ¡de amor! (Puedes ver más sobre la conexión entre amor y comida en el capítulo 4).

Tiene un sentido del humor que te desarma. La italiana no solo es ingeniosa, también está más que abierta a reírse de sí misma. «Cualquier varón te lo dirá: no hay nada más sexi que un fogoso sentido del humor, y las italianas lo tienen a carretadas», escribió un bloguero. Compartir el buen humor es una buena manera de entrar rápidamente en sintonía con tu pareja.[9] Como dijo una vez el apreciado y divertido pintor danés Víctor Borge: «La risa es la distancia más corta entre dos personas».

Sabe que la belleza tiene más que ver con la autoestima que con cualidades físicas. Sophia Loren, todavía deslumbrante a sus ochenta años, escribió este importante consejo para las mujeres: «Todas, en lo más profundo de su corazón, deben creer en su belleza singular. Esta no es como ninguna otra y es tan valiosa que no deben abandonarla. Deben aprender a apreciarla». También dijo: «Nada hace tan bella a una mujer como creer que lo es». Todos hemos conocido mujeres que no habrían ganado concursos de belleza, pero que tenían un no sé qué que los demás consideraban irresistible. La palabra adecuada para ese no sé qué, en mi opinión, es *encanto*, es decir, la cualidad de ser poderosa y misteriosamente atractiva y fascinante. La buena noticia es que una mujer puede fascinar sin ser una modelo de portada (por ejemplo, la mencionada tía Concettina). Una mujer que en su interior cree en que es hermosa, femenina, atractiva, divertida y elegante puede encantar a su marido (y a todo el mundo) toda su vida. Una manera de encantar es tener en cuenta al hombre que se sienta contigo en la mesa de desayuno, centrarte en sus mejores cualidades y hacer que afloren una a una, como solo una mujer experta en encanto puede hacer.

TODO EL TIEMPO DEL MUNDO PARA TI, AMOR MÍO

Aunque los estadounidenses y otras culturas pendientes del tiempo pueden no considerarlo un valor positivo, los italianos y la gente de muchos otros países mediterráneos son casi descaradamente indiferentes al reloj.

Rara vez parecen tener prisa, y suelen estar abiertos y alegrarse por la llegada de visitantes inesperados. Pon esto en contraste con los estadounidenses y el estrecho y costoso margen que tienen en sus aceleradas vidas, que más bien se irritan si se presenta una visita inesperada, que solo piensan en las cosas que quedan por hacer en su siempre exigente lista de tareas. Los occidentales hacen muchas listas; los mediterráneos tienen menos prisas y más amor.

¡Imagínate un país entero disfrutando de una reparadora siesta diaria, sin la menor culpabilidad! Los italianos dicen que los únicos que están despiertos durante la siesta de media tarde son «los extranjeros y los tontos». Este aprecio por el descanso, esta ausencia de prisas, es algo maravilloso cuando las parejas se centran totalmente el uno en el otro, con sus preguntas, su contacto, escuchándose, apreciándose, escanciando otra copa de vino en una tarde de finales de verano. (Quizás tienen más estamina para prestar tanta atención al otro porque todos han disfrutado de una larga y restauradora siesta). Con su actitud y su lenguaje corporal se comunican: «Tú eres importante. Estoy aquí, presente, disfrutando de cada aspecto de lo que es estar contigo, una persona encantadora». ¿A quién no le embelesa esa clase de atención? ¿Quién no se sentiría querido, valorado, amado?

La sintonización consiste, en fin, en prestarse la mayor atención el uno al otro. Se trata de quitarnos de la cabeza las docenas de cosas que reclaman nuestra atención; consiste en dedicarnos completamente al amor de nuestra vida por algunos momentos al día, todos los días. Podemos hacerlo con los ojos, con nuestro lenguaje corporal, con la manera en que damos prioridad a un tiempo libre de prisas para estar juntos, con la forma en que afirmamos positivamente y reforzamos la figura de nuestra pareja de modo que se alegre de ser un hombre o disfrute de ser mujer. (Si no sabes cuáles son las palabras que hacen feliz al otro, ¡pregunta!). Consiste además en prestar la máxima atención a nosotros mismos y alimentar nuestros sentidos, dejando que surja y fluya con naturalidad la pasión, en dar valor a nuestro ser interior y presentarnos de maneras que nos hagan sentir únicos, con clase, divertidos, sexis.

Se trata de estar del todo presente, con regularidad, para tu persona amada, de una manera proactiva e impregnada de sensualidad.

———

Algo maravilloso sucede cuando comenzamos a prestarnos atención el uno al otro. La forma de insuflarle vida a tu relación es participando más en ella.

—STEVE MARABOLI, *UNAPOLOGETICALLY YOU*

Trece maneras de mantener a tu persona amada en sintonía

———

1. Tengan presente el arte del contacto sutil. Hombres, prueben a poner su mano en la espalda de su esposa al pasar una puerta, o sobre su mano mientras conduce, o llévense su mano a los labios con dulzura. Acarícienle la mejilla cuando están a la mesa. Mujeres, acaricien la nuca de su hombre mientras conduce, o apoyen la cabeza en su hombro mientras ven la televisión. Agárrense de su brazo al caminar. Denle una palmadita cariñosa cuando lo esquiven en la cocina para alcanzar un vaso, permitiendo que sus cuerpos se rocen suavemente al pasar. (Como indica el título de cierto libro, el sexo comienza en la cocina. Quizás porque en su espacio hay toda clase de oportunidades para tropezarse con el otro).

2. Reúnanse en un café en medio del día, o para tomar una copa de vino después del trabajo, y actuar como dos personas que

sienten una intensa atracción mutua y están en su primera cita. Coquetear, robar un beso, reír. Contacto, contacto, contacto, ¡como los italianos!

3. Hagan cumplidos que sean asertivos para la masculinidad o feminidad del otro. Esposas, digan algo que ayude a su hombre a sentirse como tal («Me encanta la manera en que te hiciste cargo de esa reunión el otro día»; «¡Qué poco te ha costado subir esas cajas! A veces se me olvida lo fuerte que eres»; «Eres un amante fabuloso. Ha sido increíble»). ¡Hombres, contribuyan a que su dama se sienta feliz de ser mujer! («Cuando estás ahí junto a la ventana, a contraluz, tu belleza me quita el aliento»; «Me encanta la ternura que muestras con nuestros hijos»; «Saber que tu sonrisa y tus brazos me están esperando al final del día me ayuda a seguir adelante»). No duden en preguntarse mutuamente: «¿Qué palabras de afirmación positiva puedo decir para que te sientas feliz de ser mi marido, o contenta de ser mi esposa?».

4. Creen algo de margen adicional en su vida para tomárselo con calma. (Si es posible, reserven una parte de sus fines de semana para permitirse al menos medio día de tiempo juntos libres de agendas). Tengan una hora feliz (o media si les falta tiempo) después del trabajo para sentarse juntos en el porche en verano, acurrucarse en el sofá o sumergirse en un baño de burbujas. Pueden compartir una bebida relajante, liberarse y contarse cómo ha ido el día. (Asegúrense tanto de preguntar como de compartir sus pensamientos). La agenda de algunas parejas permite charlar frente a un café por la mañana, sobre todo en fin de semana, y les encanta comenzar el día en conexión y olvidándose de las prisas.

5. Piensen un poco más en lo que se ponen para vestir. Los colores, el corte y otros elementos del estilo pueden hacernos sentir un poco más sexis. Mujeres, hagan salir su italiana interior y muestren un poco más de hombro, escote o pierna, o pónganse algo ceñido cuando estén con su hombre. Viste una linda lencería bajo la ropa para recordarte que eres una mujer sensual. Hombres, mejoren un poco su juego en la sección del guardarropa. Quizás sea el momento de deshacerse de esos viejos *jeans* descoloridos y holgados y comprarse unos nuevos que se ajusten mejor y realcen sus atributos. Cambia tu camiseta de eslogan caduco por una más elegante, sin letras, sin que deje de ser cómoda. (Las camisas negras de punto con cuello lucen genial en la mayoría de hombres. Le añades una chaqueta y no dejarás indiferente a las señoras). Señoras, pregunten a su marido qué clase de ropa y colores prefiere en ustedes, e intenten respetar sus preferencias cuando puedan (dentro de lo razonable). Hombres, tomen nota o pregunten sobre lo que su esposa prefiere que ustedes se pongan. Vistan ropa de colores que realcen sus mejores rasgos. Incluso la ropa cómoda de andar relajado por casa puede ser atractiva si le dedican un poco de atención.

6. Mujeres, consideren el consejo de Sophia Loren de «creer en su belleza singular» y nunca abandonen esta parte de ustedes; aprecien su belleza interior. Porque «nada hace tan bella a una mujer como creer que lo es». ¿Crees de verdad en tu belleza? Si no, mira muy dentro de ti y encuentra la belleza que Dios ve en ti. Comienza a tratarte como si la tuya fuera una belleza única, como si no hubiera otra mujer como tú. La confianza que emana de una mujer que valora la belleza que Dios ha puesto en su interior se muestra irresistible. Estés consciente de ello o no, a menudo, la manera como te sientes al respecto y como

te tratas a ti misma condiciona los sentimientos o el trato de los demás hacia ti.

7. Hombres, tal vez no quieran llevar un ejemplar de la Biblia o la *Divina comedia* de Dante a la playa, pero prueben a escuchar o leer un libro que los inspire o les enseñe algo nuevo, que profundice un poco más y les plantee nuevas preguntas. Cuando no hay problemas de tiempo y tu esposa y tú están juntos sin prisas —de paseo o sentados en el porche antes de cenar— comparte algunos de los pensamientos que estás leyendo, pídele su opinión y escucha su respuesta. Muéstrale que valoras su punto de vista y su visión.

8. Ríanse juntos siempre que sea posible. La risa es uno de los afrodisíacos más subestimados. Vean películas o programas divertidos, o comparte un vídeo chistoso de YouTube que sepas que le gustará a tu cónyuge. Nunca te dé miedo contar una buena historia sobre ti, porque compartir nuestros defectos con sentido del humor es una manera poderosa de conectar con nuestra pareja del alma. No hace mucho tiempo, nuestra familia estaba sentada alrededor de la mesa, desternillándonos mientras cada uno contaba algún momento cómico que recordaba. Misty se acordó de una noche en que estábamos viendo el parte meteorológico en medio de una tormenta de nieve. El hombre del tiempo estaba afuera en la nieve, informando. Llevaba puesta una sudadera con capucha encima de lo que parecían varios gorros de lana con borla. Pero, para poder oír, tenía que sacarse las orejas del montón de ropa. El extremo de la capucha acababa en punta, como una antena. Parecía más un traje espacial que la chaqueta de un hombre del tiempo. Entonces me puse a hablar encima de sus palabras con la voz de ET: «Aquí Mark el marciano, reportando en directo desde una tormenta de nieve en el planeta Tierra». Misty se pasó dos días

riéndose de eso (yo únicamente un día y medio). Meses más tarde lo revivimos y seguía pareciéndonos gracioso; nos dolían los costados de la risa. Trata de remontarte en el tiempo a las cosas que les provocaron carcajadas como pareja, y sácalas a colación en la cena esta noche. ¡La risa te beneficiará!

9. ¡No tengan miedo a apasionarse a la hora de preparar y servir manjares deliciosos! En lugar de pensar con glotonería —llenando a rebosar una bandeja en el bufet libre—, piensa como un experto *gourmet*, deteniéndote para percibir el sabor y los aromas de un durazno fresco, o de un salmón en su punto. Había un programa de cocina en la tele (recientemente cancelado) que se llamaba *The Taste*; trataba sobre crear un bocado perfecto. Los concursantes tenían que servir a los jueces una cucharada ideal de su creación culinaria. ¡Cuánto esfuerzo mental en una cantidad tan pequeña de comida! Los investigadores gastronómicos nos dicen que la mayor parte del gusto de nuestra comida lo obtenemos en los tres primeros bocados, así que, al comer juntos, ralenticen el proceso de ingesta y disfruten de los primeros bocados de una fantástica comida. Si lo hacen así, se sentirán satisfechos y llenos con las raciones más pequeñas. Céntrense en la calidad de la degustación y en la frescura de lo que comen, y no tanto en la cantidad, y descubrirán que la comida puede llegar a ser una pasión compartida y un disfrute que contribuya también a su salud y felicidad. (Abundaremos en esto más adelante).

10. Conviertan las expresiones de agradecimiento en un hábito cotidiano. De esa manera les sorprenderá cuánto puede reforzar los lazos de amor y romanticismo esta sencilla palabra, «gracias», dicha con generosidad. Prueba con esto: cada tarde, entre la cena y el momento de apagar las luces, cuando estén juntos, da las gracias a la persona amada por al menos una cosa que

hizo o alguna característica suya que para ti es una bendición. Y, si hicieras una lista de las cosas que mencionas en esos agradecimientos, tendrías un maravilloso regalo de aniversario o de cumpleaños. También les serviría como recordatorio, cuando estén pasando por una mala racha, de todas las cosas por las que se sienten agradecidos, sea cual sea el conflicto actual.

11. Recuerden que los ojos son la ventana de su alma apasionada. No tengas miedo de mantener la mirada en tu pareja; deja que tus ojos se regodeen en su rostro y su figura. Busca sus ojos entre la multitud y dedícale un guiño, una mirada cómplice o una tímida sonrisa sexi. Comprueba lo mucho que puedes comunicarte sin decir una palabra. Puede resultar increíblemente erótico. Si ves una película romántica protagonizada por un italiano o una italiana, notarás con qué pericia y naturalidad utilizan los ojos para encandilar al sexo opuesto: ya sea con prolongadas miradas, con ojitos de coqueteo, con cejas alzadas, guiños o miradas cómplices. Por algo se dice que los italianos tienen ojos de dormitorio, y no tiene nada que ver con la forma o el color de sus ojos. Se debe a que los italianos saben cómo transmitir deseo a una mujer, hechizarla con una mirada, aunque no entienda ni una palabra del idioma en que le hablan.

12. Intenten ser más abiertos con las emociones, sobre todo con las positivas o de cariño. Si sientes una oleada de gratitud por la belleza del día, o por el amor de tu esposa, o por lo lindos que son tus niños, no te lo guardes. Dilo. Dilo con energía y pasión. A la gente le atraen los que aman y valoran las pequeñas cosas de la vida, que no renuncian a expresar su alegría, a contar cómo una canción toca sus emociones o a expresar la compasión que sienten por el sufrimiento de alguien.

13. Practiquen regularmente la sincronización con el cónyuge. Para conectar con lo que tu pareja está sintiendo o pensando hace falta dejar a un lado las cosas del día y acallar todo el ruido que bulle en tu cabeza. Imagina que eres un terapeuta (o «el hombre que susurraba a los matrimonios») y fíjate no solo en lo que dice tu cónyuge, sino también en su lenguaje corporal, en su tono de voz. Da respuestas meditadas, no reacciones por impulso. Cuando aporta un pensamiento o un dato, sigue la conversación con una pregunta acerca de lo que acaba de compartir. No pases demasiado rápido a lo que a ti te interesa. Escuchar con interés y plena atención a tu persona amada mientras habla es uno de los mejores regalos que puedes hacerle.

El poeta John Fox lo expresó de maravilla:

> Cuando alguien te escucha con atención,
> es como sostener una taza abollada
> que conservas desde tu niñez
> y observar cómo se llena
> de agua fresca.
> Cuando llega hasta el borde,
> te ha entendido.
> Cuando rebosa y te moja la piel,
> es que te ama . . .[10]

CAPÍTULO 3

EL SECRETO DE UN CARÁCTER DIVERTIDO

La preocupación principal del español es pasar un buen rato, y tienen una pasión por vivir que en pocos pueblos se encuentra. Son felices como niños sacándole el máximo jugo a todas las cosas y aprovechando cualquier oportunidad para disfrutar.

—DAVID HAMPSHIRE, *LIVING AND WORKING IN SPAIN*

Puedes descubrir más de una persona en una hora de juego que en un año de conversación.

—PLATÓN

Si existe una nación a la que se podría etiquetar como «pueblo más apasionadamente divertido del mundo», esa sería seguramente la española. Los españoles son famosos por el desenfrenado entusiasmo que sienten por el fútbol (lo que en Estados Unidos llamamos *soccer*), pero, a la menor oportunidad, pueden convertir cualquier cosa en una competición, un partido o una fiesta.

Por ejemplo:

Cada último miércoles de agosto, la pequeña ciudad de Buñol, en España, aumenta su población con miles de afortunados visitantes, con sus boletos de entrada, de todas partes del mundo. Alrededor de las once de la mañana llegan a las calles de la ciudad camiones cargados de tomates maduros (más de cien toneladas). Entonces un valiente comienza a trepar por un poste engrasado de dos pisos de altura. Si lo consigue, toca un jamón ensartado en el extremo del poste; luego lanza a la calle una buena tajada (como es normal). Por supuesto, con ese acto se inicia la actividad de los cañones de agua, que a su vez señala el comienzo de (no te lo vas a creer) la mayor batalla con comida del mundo.

Durante una hora, los miles de participantes lanzan y estrujan los tomates en las caras, cabezas y ropas de los demás en un caótico frenesí de «diversión». Es una batalla campal a base de tomates, un todos contra todos. En realidad, también se incluyen «todas», y el evento permite gran cantidad de contacto, apretujones, caídas juntos partiéndose de risa, salsa marinara y parodias de lucha. Una diversión poco elegante, pero cargada de sensualidad para los desinhibidos (o para los desesperados de aburrimiento).

Después de una hora, cuando los tomates maduros han cubierto las calles de un río rojo y el ácido de la hortaliza está formando una cáscara en la superficie de la ciudad, se produce otra salva de los cañones de agua y, tan repentinamente como empezó, la fiesta termina. Los camiones de bomberos pasan limpiando las calles, mientras que la gente baja al río a lavarse.

Esta celebración anual se llama la Tomatina y se celebra desde 1945. Antes de 2013, hasta 50.000 personas abarrotaban la ciudad para el acontecimiento, pero la cosa se les fue de las manos, incluso para ser españoles, y desde entonces se necesita un codiciado boleto de entrada para participar.

«Entre las posibles teorías sobre cómo empezó la Tomatina está la de una pelea lanzándose comida entre amigos, una guerra entre aulas, un lanzamiento de tomates por parte de los participantes en un desfile de carnaval… Una teoría popular dice que unos vecinos descontentos atacaron a los concejales con tomates durante una celebración local. Sea cual sea el origen de la tradición, lo disfrutaron tanto que repitieron al año siguiente, y al siguiente, y así hasta hoy».[1]

En este lanzamiento masivo de tomates no hay ningún significado religioso ni romántico. Se podría decir que, durante setenta años, estos españoles se han estado lanzando tomates sin razón lógica alguna. Simplemente a alguien le pareció que sería divertido y decenas de miles de españoles en busca de diversión lo secundaron.

A las pruebas me remito. Los españoles quieren pasarlo bien.

Antes de examinar lo que podemos aprender de las gentes de España acerca de adoptar un espíritu divertido, comencemos con otra pregunta. ¿Qué tiene que ver el carácter divertido con la pasión y el romanticismo?

Me alegra que me lo preguntes.

CARÁCTER DIVERTIDO Y ATRACCIÓN

Si quieres seguir resultando atractivo, y atraer, al sexo opuesto, te interesa plantearte un aumento de tu factor «es divertido estar conmigo».

En un estudio, las mujeres puntuaron los siguientes rasgos (de dieciséis posibles) como los más importantes para ellas en una relación duradera.[2]

1. amabilidad y comprensión
2. sentido del humor
3. gusto por pasarlo bien
4. ser divertido

Observa que tres de los cuatro rasgos que una mujer más desea en un hombre entran en el ámbito de lo que implica un carácter divertido.

Los hombres concedieron una importancia similar a la personalidad divertida en las mujeres. De hecho, el rasgo que los hombres más valoraron en una mujer fue el sentido del humor. En tercer lugar, pusieron que fuera aficionada a pasarlo bien, y, en quinto, un carácter divertido. A las damas tal vez les sorprenda saber que el atractivo físico estaba en el noveno puesto de la lista de rasgos que los hombres afirmaban buscar prioritariamente en una pareja romántica a largo plazo.[3]

Los investigadores dedujeron que «el carácter divertido en una mujer [...] puede indicar su juventud y fertilidad». No sé de eso, pero sé que a los hombres nos encanta tener alrededor mujeres que sean positivas, alegres y divertidas.[4]

Partiendo de mi observación informal de parejas casadas a lo largo de los años, tengo que decir que los cónyuges que son generalmente optimistas, entusiastas y dispuestos a emprender nuevas aventuras juntos, o que se distraen fácilmente con alguna ocurrencia divertida y se ríen con facilidad, tienden también a tener matrimonios apasionados.

Antes incluso de ver a Misty por primera vez, fue su risa lo que me atrajo. Oí su alegre risa en medio de una muchedumbre, y en ese entonces me sonó a algo parecido a la esperanza. Estaba atravesando uno de los períodos más oscuros de mi vida y me sentí impelido a seguir esa risa hasta su origen. Y, ¡vaya, menudo origen resultó tener! Pero estoy adelantando acontecimientos. Permíteme retroceder y presentar la escena.

Cada año, NewLife Ministries organiza un viaje de diversión que ofrecemos a nuestros oyentes y a los que nos apoyan. Hace unos diez años, mi equipo y yo estábamos en una batería de ideas para el viaje, cuando sugerí: «¿Por qué no hacemos un crucero en tierra?».

«O sea, ¿como un falso crucero?», preguntó mi equipo.

«¡Sí!», dije, con esa clase de entusiasmo que mi personal había llegado a saber que significaba complicarles un poco la vida.

NewLife reservó un hotel precioso en Dana Point, California. Puesto que no había playa, llevamos camiones de arena para extenderla por el césped, luego pusimos fogatas aquí y allá, donde la gente pudiera encontrarse. Siguiendo la ambientación de crucero, teníamos numerosos bufets, incluso a medianoche. Ofrecíamos abundante «entretenimiento a bordo». Bob Eubanks, el presentador original del programa televisivo *The Newlywed Game*, vino conduciendo desde Hollywood, para ejercer como maestro de ceremonias en una versión especial de su programa, reclutando como concursantes a varias parejas de entre nuestros asistentes. Billy Davis Jr. y Marilyn McCoo, un veterano matrimonio de cantantes pop, nos brindaron una actuación estelar una noche.

Luego John Townsend y su banda pusieron la música para la última velada, la Noche de Baile NewLife, y fue cualquier cosa menos aburrida.

El baile se llevó a cabo en la falsa playa, y yo estaba pasando el rato con unos amigos alrededor de una fogata cuando oí la mencionada risa gozosa en la distancia. Siguiendo el sonido, me abrí paso hasta un grupo de personas que obviamente se lo estaban pasando bien. Esa fue la primera vez que vi a la dueña de esa contagiosa risa. La llamaban Misty, y su cara era la de un ángel. En serio. Busca un cuadro de un ángel navideño, con sus cabellos rubios, sus lindos ojos azules y su sonrisa divina, y tendrás la imagen de Misty. Mascullé un «hola» y tuve que esforzarme para no quedar embelesado. Pero seguí en movimiento, entremezclándome con la gente como me parecía que debía hacer un buen anfitrión.

Eso fue más de un año antes de volver a ver a Misty o hablar con ella, pero baste decir que nunca olvidé la melodiosa risa de esa misteriosa mujer ni la resplandeciente sonrisa de su rostro. Jamás habría soñado, en una época en la que atravesaba tanta agonía en privado, que un día esa dulce, bella y divertida señorita se convertiría en mi esposa.

Muchos años más adelante, el carácter divertido de Misty, su alegre corazón y su risa fácil siguen iluminando mi vida. Su sentido del humor no solo fue lo primero que me atrajo de Misty, sino que también es un ingrediente clave en el adhesivo emocional que nos mantiene unidos. Es la razón por la que, justo el otro día, Misty y yo salimos a comer juntos. Ella estaba irritada conmigo, por una razón que ahora no recuerdo. Por pura casualidad, dije algo chistoso en el momento preciso. Ella no quería reírse. Estaba enojada conmigo y quería mantener su enfado. Pero mi comentario era gracioso, bastante, y empezó a escapársele la risa. Miró para otro lado, se tapó los ojos y la boca, perdiendo la batalla contra el humor. Dobló el cuerpo, tratando con todas sus fuerzas de no dejar salir esa risa. Pero no lo consiguió, fracasó miserablemente. Soltó una carcajada tan fuerte que pareció gritar. La gente nos miraba por lo fuerte que se reía. ¡Y yo me alcé victorioso! En verdad, era nuestra victoria, porque la risa y el buen humor habían vencido sobre los resentimientos y la frialdad.

Si has leído muchos libros sobre el matrimonio en las tres décadas pasadas, probablemente habrás oído hablar del doctor John Gottman. Él es el terapeuta de matrimonios famoso por su «laboratorio del amor», donde se pasó años investigando qué hace que un matrimonio dure toda una vida y qué contribuye al colapso de otros. En su tiempo, era capaz de predecir con una exactitud asombrosa qué parejas seguirían juntas y cuáles acabarían en divorcio. Uno de sus importantes hallazgos fue que las parejas que poseen un carácter divertido tienen más probabilidades de seguir juntas. Descubrió que un hábito de diversión entre cónyuges, aun en épocas de tensión, ayudaba a aliviar las inevitables heridas y des- encuentros que surgen en el matrimonio.

En otras palabras, priorizar un espíritu divertido en nuestra relación es un asunto serio si queremos disfrutar de la pasión toda la vida.

EL CARÁCTER DIVERTIDO Y EL SEXO

*En cuanto a vitalidad y pasión de vivir, pocos alcanzan
a los españoles, y, si se puede acusar de algo a España,
no será de aburrimiento.*[5]

— DAVID HAMPSHIRE, *LIVING AND WORKING IN SPAIN*

La pasión ha estado en mi ADN desde hace generaciones.

— JULIO IGLESIAS

Lanzarse tomates durante una hora puede que tal vez no sea tu plan favorito. No obstante, podemos aprender de nuestros amigos españoles una gran cantidad de perspectivas prácticas sobre cómo añadir diver- sión a nuestro día a día. Otro dato positivo sobre los españoles es que, más allá de su carácter divertido, se presentan como los más felices del mundo en términos sexuales. En un estudio reciente de cerca de 10.000 hombres y mujeres de España, un increíble 90 % afirmaba estar sexual- mente satisfecho (y esta satisfacción aumentaba progresivamente con una relación estable en contraste con encuentros casuales, lo cual es una

Estadísticas del amor

LOS MEJORES Y PEORES AMANTES DEL MUNDO

Nota personal de Steve: no soy yo quien dice que los alemanes huelan mal o los turcos sean sudorosos. Solo estoy comunicando las conclusiones de los investigadores que hicieron esta lista.

PEORES AMANTES DEL MUNDO	MEJORES AMANTES DEL MUNDO
1. Alemania (demasiado olorosos)	1. España
2. Inglaterra (demasiado vagos)	2. Brasil
3. Suecia (demasiado rápidos)	3. Italia
4. Holanda (demasiado dominantes)	4. Francia
5. EEUU (demasiado rudos)	5. Irlanda
6. Grecia (demasiado empalagosos)	6. Suráfrica
7. Gales (demasiado egoístas)	7. Australia
8. Escocia (demasiado ruidosos)	8. Nueva Zelanda
9. Turquía (demasiado sudorosos)	9. Dinamarca
10. Rusia (demasiado peludos)	10. Canadá

"German Men Are World's Worst Lovers . . .", septiembre 2009, *The Telegraph*: www.telegraph.co.uk/news/newstopics/howaboutthat/6241440/German-men-are -worlds-worst-lovers-with-English-men-in-second-place.html.

estadística que nos anima a los que valoramos la pasión y el compromiso duraderos). En cambio, solo el 48 % de los estadounidenses declara estar sexualmente satisfecho.[6] Es una diferencia enorme, algo decepcionante para nuestros compatriotas. Y los españoles no solo encuentran satisfacción en el sexo, también son frecuentemente citados en los estudios internacionales como los mejores amantes del mundo. Dicho de otro modo, parecen ser expertos tanto en dar como en recibir amor, en términos sexuales.

No sé ustedes, pero yo no puedo evitar preguntarme qué es lo que tenemos en el cuadro de la página anterior. ¿Por qué los españoles disfrutan de una vida sexual significativamente más feliz que el resto del mundo?

No creo que sea una coincidencia que un país con niveles tan altos de satisfacción sexual sea también conocido como el país más alegre del mundo. El carácter divertido y el disfrute del sexo van juntos como uña y carne. El mundo actual no lo ve de este modo; así ha sido durante siglos.

En el Antiguo Testamento hay una frase interesante sobre Isaac, quien fue visto mientras «jugaba con Rebeca su mujer» (Gn 26.8, RVA). El contexto deja claro que esta pareja no estaba jugando a bádminton ni al parchís.

Me gusta el uso de «jugar» como eufemismo de las relaciones sexuales entre esposos, porque, según mi opinión, y según coinciden los sexólogos, existe una conexión innegable entre el carácter alegre o divertido y el disfrute apasionado y tranquilo del sexo. Cuanto más relajados y alegres podamos estar con nuestra pareja, más divertida y natural será nuestra vida íntima.

Me gustaría poder decirles que cuando me casé con Misty era el esposo de sus sueños, plenamente maduro: un Casanova atractivo, lleno de confianza y diversión.

La realidad es que tuve que aprender mucho sobre *la joie de vivre* en la alcoba conyugal. Afortunadamente, mi esposa no solo tenía un corazón abierto a la alegría y la diversión, sino también un espíritu de perseverancia en lo referente a llevar nuestra vida sexual a su máximo potencial.

No tuvimos relaciones sexuales antes del matrimonio, así que ambos llegamos con altas expectativas a la luna de miel. Si no recuerdo mal, puede ser que haya hecho algunas afirmaciones presuntuosas sobre cuán grande fue la experiencia para ella. Esa puede haber sido una de las cosas más estúpidas que he dicho nunca, porque la intimidad en nuestra luna de miel estuvo muy lejos de los fuegos artificiales que le había prometido a Misty.

Dejémoslo en que no sabía cuánto ignoraba.

A los pocos meses de casarnos, Misty me pidió que echara un vistazo a una web de un spa de Arizona, donde un matrimonio de médicos iba a dirigir un taller sobre intimidad sexual. Estaba pensado para personas que no estaban alcanzando plena satisfacción en esta área de su matrimonio. Di una ojeada a la web y respondí: «Ah, parece muy bueno y muy útil».

Entonces vi a Misty con las cejas arqueadas. Mi respuesta se convirtió al instante en un «Ah, ya, ya lo entiendo», acompañado de una expresión de vergüenza en mi cara.

Un espíritu dispuesto, en lugar de nuestro orgullo, es todo lo que a veces necesitamos para cambiar para mejor el curso de nuestra vida. Le pedí a Dios que me concediera una dosis extra, y me la dio. Así que, para ayudarme a aprender lo que ignoraba que desconocía, fuimos a Arizona cinco días con sus cuatro noches.

Me preocupé de asegurarme de que este campamento sexual, como empecé a llamarlo en broma, iba a ser dirigido de una manera profesional, y que no lo organizaban unos excéntricos y desmadrados gurús del sexo con anchas túnicas y aroma de incienso e indecencia. Todo parecía estar bien. La primera tarde, sin embargo, fue previsiblemente incómoda. Entre aquellos cincuenta participantes había muchos que parecían zombis. Nos pidieron a todos que contáramos por qué estábamos allí, y varias parejas admitieron que habían perdido la chispa, que se había ido la pasión, y para algunos su matrimonio estaba en la unidad de cuidados intensivos.

Con el paso de los días, Misty y yo absorbimos tanta información que cambió la manera en que nos relacionábamos, tanto dentro como fuera de la cama. Si tuviera que resumir lo que aprendimos acerca de hacer más satisfactoria nuestra vida sexual, diría esto: nos enseñaron a quitarnos de encima la presión y la seriedad que puede sabotear sutilmente el acto sexual, y a relajarnos, divertirnos y disfrutar más el uno del otro. En otras palabras, ¡hacer del sexo algo más divertido! Fue especialmente gracioso observar la transformación de las parejas conforme avanzaba el seminario: los ceños fruncidos y los labios apretados se relajaron para convertirse en joviales sonrisas y carcajadas. Los zombis recuperaron la vida al recuperar la pasión en sus relaciones. En unos pocos días, todos los presentes (excepto un inglés cerrado que se negó a abrir la boca) comenzaron un viaje desde la grave desesperación hasta el reino de la alegría y la diversión. Mucho de lo que aprendimos en el taller lo incorporamos en los secretos de la pasión presentados en este libro. Resulta que la pasión no consiste tanto en técnica sexual como en la alegría del viaje, y en descubrir la intimidad con la totalidad de la persona con quien estamos casados: alma, emociones, mente y cuerpo.

Misty y yo salimos del desierto de Arizona siendo una pareja distinta. No mejoramos instantáneamente en nada, pero podíamos entender nuestro problema, un camino y un plan para que nuestro matrimonio fuera más alegre, con más cercanía y atracción, no tan basado en el cumplimiento de deberes, lo que produce ansiedad. Cuando considero dónde estábamos diez años atrás y quiénes somos hoy, ¡menuda diferencia! Nuestra intimidad está ahora llena entusiasmo, diversión e incluso, a veces, risas. Buenas carcajadas. De esas que alimentan. Con todos nuestros defectos y carencias, nos estamos convirtiendo en la pareja que siempre quisimos ser. Ya no nos amordazan ni el miedo ni la falta de sabiduría. Somos libres para experimentar todo lo que Dios tiene para nosotros. Eso es lo que queremos para ustedes.

CULTIVAR TU PROPIO LENGUAJE ROMÁNTICO

Para las mujeres, los mejores afrodisíacos son
las palabras. El punto G está en el oído.
Quien lo busque más abajo está perdiendo el tiempo.[7]

— ISABEL ALLENDE

Un reciente titular en el *Daily Mail* decía: «España, el mejor lugar para vivir! El español es el idioma más feliz del mundo, y su gente es la más enamorada». ¿Cómo llegaron a esta conclusión? Los usuarios españoles eran los que más emoticonos relacionados con el amor enviaban en Viber, una red gratuita de comunicación (estaban por delante de países tan románticos como Francia, Italia y Brasil).[8] Y, en otro estudio, los científicos descubrieron que el español es el idioma más positivo, pues en España se emplean palabras como «amor» y «risa» con más frecuencia que en ningún otro territorio importante del mundo.

No solo es que la lengua española haga un uso generoso de términos relacionados con la felicidad, la diversión y el amor, sino que el sonido de sus palabras, incluso su acento, son innegablemente románticos. Me explico: ¿de quién es la voz que derretía los corazones femeninos en el famoso dueto *To All the Girls I've Loved Before*? ¿Acaso era la voz nasal y aflautada de nuestro cantante de *country* Willy Nelson la que las dejaba extasiadas? ¿No era más bien la voz sedosa, cálida, como chocolate a la taza, de Julio Iglesias y su acento español lo que hacía temblar sus rodillas?

Hace poco una amiga me dijo: «Aunque no hablo español con soltura, me encanta expresarle sentimientos a mi esposo en español. Le digo "Te amo, te quiero, te adoro". Pero los términos cariñosos suenan mucho más sensuales en otro idioma».

No tienes que aprender buen español, italiano o francés para aprovechar el romanticismo de esas lenguas. (Aunque el aprendizaje de un idioma extranjero juntos podría ser muy bueno y entretenido para tu matrimonio. Hablaremos de ello en un capítulo posterior). Simplemente aprende unas pocas palabras o expresiones hermosas en una lengua mediterránea, luego díselas a tu pareja o dirígeselas en un mensaje de texto o un seductor correo electrónico.

«Llevé a mi esposa a Francia —le conté a un buen amigo— y, cuando le pregunté si quería ver *l'Arc de Triomphe*, usando mi mejor francés, me miró como si me acabara de convertir en Maurice Chevalier. De repente ya no estaba tan interesada en ver París como en escucharme pronunciar más frases en francés. A veces, incluso actualmente, me dice: "Háblame un poco en francés, cariño". No me preguntes por qué, pero le parece sexi. ¡Oye, si la pone de tan buen humor, voy a decirle "cordon bleu" y a cantarle *Frère Jacques* todo el día!».

Otra idea que puedes probar para aumentar la pasión y fomentar un carácter divertido, sin salir de tu idioma, es llenar tu vocabulario habitual, sobre todo cerca de tu pareja, de palabras cariñosas, optimistas, estimulantes, amorosas y románticas. ¿Quieres algunas ideas para comenzar?

Te dejo cinco frases que Misty cuenta que le encanta oírme decirle para hacer que se sienta amada y apreciada, feliz y reconfortada en su interior.

1. *«¿De dónde has salido tú?»*. Esta es mi manera de decirle a Misty que es asombrosa, que no tengo idea de cómo se le ha ocurrido determinada genialidad que me acaba de contar. Ella sabe que es mi manera de decirle que su inteligencia me deja tan perplejo que ¡tiene que ser de otra galaxia! Pero, siempre que le digo eso, mi chica de Indiana responde, adorable: «De Muncie».

2. *«¿Quieres casarte conmigo?»*. Cuando me sobreviene una idea de lo mucho que significa para mí, esta pregunta surge espontáneamente. También es una manera de decirle que me volvería a casar con ella sin pensarlo si acabara de conocerla hoy mismo.

3. *«Moriría por ti»*. Esta frase brota cuando no puedo contener tanto amor como siento. No conozco otra manera de explicarle cómo me siento. Me faltan palabras para expresar todo lo que mi corazón siente por Misty. No llego a decir que por ella caminaría sobre cristales rotos porque eso duele, pero la muerte, bueno, lo haría en un abrir y cerrar de ojos.

4. *«¿Te doy un buen masaje en los pies?»*. Siempre contesta con sentido del humor: «Sí, pero que sea bueno, por favor».

5. *«Si todo lo que pudiera tener de ti fuera tu clavícula, para mí sería suficiente»*. Sobran las explicaciones.

Y ahora cinco frases que Misty me dice a mí y que refuerzan mi amor por ella y mi deseo de dejarlo todo e ir tras ella como sea.

1. *«Tú lo sabes todo»*. Obviamente, debo admitir que no lo sé todo (aunque a veces me encantaría pensar que sí). Pero lo que Misty le está comunicando a mi alma de hombre a veces inseguro es que ella cree en mí. Ella cree que sé mucho acerca de unas

cuantas cosas que cuentan y que tienen verdadera importancia para mí.

2. *«Eres mi héroe»*. Misty es una mujer capaz y fuerte. Pero hay momentos en los que ha necesitado que yo mostrara un determinado tipo de fortaleza en la que ella pudiese apoyarse, y cuando, en esas ocasiones, me ha llamado su héroe, ha sido de lo más emocionante. Todo hombre tiene un muchacho en su interior que anhela ser un héroe. Me encanta poder estar ahí para mi esposa, con todo lo que tengo para dar en un momento en que necesita mi apoyo.

3. *«Soy tuya»*. Misty puede decirme esto en un momento en que la sorprendo haciendo o diciéndole algo romántico que la hace levitar, o cuando me encuentro con nuestra hijita en mis brazos, cantándole suavemente. Otra manera de comunicarme que su corazón es solo mío consiste en decir: «No hay ninguna otra persona en el mundo con la que compartiría mi vida». Este es su equivalente romántico a mi frase de que moriría por ella. Normalmente dice estas cosas en un momento de alegría, cuando nota que su corazón se siente en casa conmigo, con nadie más.

4. *«Qué bien hueles, es irresistible»*. Estaba en un aeropuerto, mi vuelo retrasado, con tiempo libre, cuando me encontré y compré una colonia para hombre de los Brook's Brothers. Pronto descubriría que esa fragancia ejercía un poder casi sobrenatural sobre mi esposa. Cuando me la pongo, Misty se abraza a mí, con la nariz bajo el lado derecho de mi barbilla, agarrada a mis hombros para no caerse por cómo le tiemblan las piernas. He probado otras colonias, pero ninguna la hace caer en mis brazos con semejante magia. Cada mujer tiene su «gusto» en cuanto a los olores, pero realmente vale la pena descubrir cuál es el que le gusta a tu esposa, sobre todo si te gustan sus caricias.

5. *«El mejor sexo de mi vida»*. Sobran explicaciones. Sin embargo, esto amerita una nota especial para las lectoras de este libro: partiendo de mi investigación informal con los hombres, hacerle

saber a tu esposo que te ha llevado a un éxtasis de felicidad en la cama es sin duda la afirmación motivadora más impresionante por parte de una mujer, la que mejor reforzará su masculinidad y le hará sentirse capaz de conquistar el mundo. Con excepción de... bueno, he intentado pensar en otra, pero, amiga mía, no la hay. Si quieres que tu hombre se sienta medio metro más alto y salga levitando, esta frase es la clave.

EL ENCANTO DE TOMÁRSELO CON CALMA

Hablando en términos generales [...] los estadounidenses son incapaces de relajarse y simplemente disfrutar.

— ELIZABETH GILBERT

Me encanta relajarme.

— JULIO IGLESIAS

«Durante los dos últimos veranos he enseñado a una clase de estudiantes universitarios estadounidenses en España», contó Cari Jenkins, bloguera y conferencista de Denver, en una entrevista informal con un buen amigo mío.[9] «En cuanto llegué a España, todas las cosas parecieron tomar un ritmo más relajado. Es como aterrizar en un universo paralelo. La gente camina más despacio, parecen tener tiempo para el otro, les encanta pasar el rato ante unas tapas y un vino en las terrazas de los bares. En las cafeterías, las personas van a tomar café y juntarse en grupos, pequeños o grandes, para hablar, reír y compartir vivencias. Para mí es un choque cultural, viniendo de los Starbucks estadounidenses, donde todos se juntan con sus compañeros tecnológicos favoritos: un portátil, un Kindle o un iPhone.

»Luego está ese magnífico azul del mar que baña el país. El Mediterráneo parece imponer un ritmo más lento a la vida. Como en Italia, las mañanas comienzan más despacio; cuando el sol está más alto, todo se suspende. La cena puede empezar a las diez o las once de la noche, los niños pueden estar despiertos y jugando a medianoche, toda esta vida social se da cuando ya no hace tanto calor para salir.

»Tomé el tren a Londres después de algunas semanas en España este verano, y, cuando bajé, noté que, como en Estado Unidos, todo el mundo caminaba rápidamente hacia alguna parte, con el teléfono en la oreja. Casi me sentía mareada, como si hubiera aterrizado en un país en el que todo se movía tres veces más rápido de lo debido».

Un bloguero de Matador Network, una de las webs de artículos sobre viajes más grandes del mundo, lo expresa así: «En Estados Unidos engullimos el almuerzo en nuestro escritorio, una barrita energética sobre la marcha, comida rápida en el auto y un café por el camino. Los españoles casi nunca comen por el camino e, incluso en una ciudad grande y ajetreada como Madrid, la gente se te quedará mirando si te ven comer mientras caminas por la calle. Los españoles insisten en hacer de cada comida, aperitivo o pausa para café un asunto que exige sentarse, y con frecuencia quedarse un rato después en la mesa disfrutando de una buena conversación de sobremesa».[10]

¿Qué mejor manera de pasar el rato que relajarse en una situación placentera y sin prisas todo el tiempo que te apetezca y puedas? ¿Será este ritmo pausado, este encanto de pasar el rato, esta disposición a hacer paréntesis lo bastante largos como para relajarse la razón de que en España exista un nivel tan alto de satisfacción sexual? Los estadounidenses sabemos de los goces del sexo vacacional, cuando al fin desconectamos nuestros teléfonos, portátiles y mentes para relajarnos placenteramente y nos tomamos el tiempo para charlar buenos ratos, comer sin prisas y tener sexo del bueno. ¿No será que nuestros amigos españoles han descubierto la manera de que el sexo vacacional sea todo el año, adoptando un estado mental más relajado y alegre?

Me encanta la expresión «pasar el rato». Ya no la usamos mucho en los hogares o matrimonios americanos. Pero es un estado que a Misty y a mí nos encanta; la sensación del tener un tiempo extra libre de agobios, para estar juntos, es uno de los mayores placeres. También descubrimos que dejar pasar el tiempo juntos en épocas de sentimiento de vacío, pena y angustia es un gran bálsamo curativo.

En 2008, Misty y yo hicimos un crucero que comenzó en Barcelona, España. Un ambiente de alegría y diversión impregnaba toda la ciudad, como si todos se hubieran tomado unos cuantos Red Bull, pues acababan de ganar la liga de la UEFA Championship. Paseamos por el famoso mercado de las Ramblas, un deslumbrante y colorido mercado de alimentación, que vibraba con el ruido de los que celebraban la victoria y con la música tradicional española. Esquivábamos a las bailaoras callejeras que desplegaban sus telas rojas y negras moviéndose con un ritmo impecable. Fue un rato maravilloso de risas; Misty y yo nos sumergimos en la alegría del momento. Era el agradable comienzo de una experiencia, preciosa y llena de alegría, de diez días por el Mediterráneo, un viaje que siempre recordaremos. Parte de lo que más valoramos es el final de alto valor sagrado de nuestro viaje, aunque fue uno de los hechos más dolorosos que hemos experimentado juntos. Al terminar nuestra gran aventura en España y otros países, nuestra alegría se convirtió en confusión y pena, cuando, en nuestro último día en la gran ciudad de Barcelona, Misty sufrió un aborto.

En vez de recorrer las calles para las visitas y las compras de suvenires de última hora que habíamos planeado antes de hacer las maletas para el largo viaje en avión del día siguiente, estábamos en nuestra habitación. Misty estaba en el piso de nuestro cuarto de baño, doblada de dolor, lamentándose y sangrando, destrozada y sollozando ante la pérdida que se abatía sobre nosotros.

Yo estaba paralizado y no sabía qué otra cosa hacer que amar a mi esposa y estar con ella en el dolor. Así que eso es lo que hice, y resultó ser lo que ella necesitaba.

Quizás este sea un buen lugar para decir que hay un tiempo para dejar pasar las horas saboreando los momentos felices el uno con el otro y celebrar con alegría, pero también hay un momento en que conviene dejar pasar el tiempo, juntos, cuando tienen el corazón roto. Durante nuestras visitas al Mediterráneo, y también a lo largo de nuestro matrimonio, Misty y yo hemos experimentado ambos tipos de situaciones. En este viaje en particular, hubo un día romántico y mágico en Nápoles, el día de la pizza en la playa y el beso. Pero aquí en España experimentamos el tipo de situación en que pasar tiempo juntos sin hacer nada exige quietud y le deja espacio a un duelo intenso y desgarrador. Entonces no hay monumentos ni reliquias históricas, ni prosa poética que interese o valga nada. En esos momentos lo que importa es la presencia: la de Dios y la del cónyuge. Y sintonizar.

También quiero decir esto: puedes estar haciendo todo lo posible para traer pasión y romanticismo a tu relación, luego te encuentras con una pérdida inesperada, una muerte repentina o alguna otra arista hiriente de la realidad que no se puede ignorar. Esos momentos requieren la máxima atención de tu parte, en ocasiones durante meses. Pero, por favor, no creas que eso significa que no estás poniendo pasión. La pasión tiene muchas caras, como un diamante. A veces se parece a un alegre baile en la calle; otras veces consiste en abrazar a tu esposa mientras llora en tu hombro, y orar por su corazón desgarrado.

LA BELLEZA DEL CUERPO

Cuando digo que todas mis mujeres son bellezas deslumbrantes, me replican. Esta tiene la nariz demasiado grande; aquella tiene las caderas demasiado grandes; los pechos de otra son demasiado pequeños. Pero yo veo a estas mujeres como lo que realmente son —gloriosas, radiantes, espectaculares y perfectas— porque no estoy limitado por mi vista. Las mujeres reaccionan ante mí como lo hacen, Don Octavio, porque tienen la sensación de que busco la belleza interior, hasta que desborda todo lo demás.

— DON JUAN, EN *DON JUAN DEMARCO*

El legendario amante español Don Juan acertó en muchas cosas. Vio que la verdadera belleza de una mujer viene de dentro y que la externa se presenta de muchas formas. Sabía que es el ojo del que mira, tanto como el sujeto en sí mismo, el que compone un momento de deslumbrante belleza.

Por otra parte, está la molesta cuestión de Don Juan que va pasando de una mujer a otra, de amante a amante, como una mariposa de flor en flor. Desde luego, esta no es una práctica que una mujer aplauda en su esposo. De hecho, lo único que producirá es una pila de papeles para el divorcio. Por tanto, no estoy defendiendo la promiscuidad de Don Juan. Lo que digo es que los buenos y fieles maridos estadounidenses deben aprender mucho de los románticos españoles acerca de cómo amar con más pasión a su única y bienamada esposa.

Entusiasmada con sus recuerdos de aquellos veranos en España, Cari (la bloguera y oradora de Denver) comenta las diferencias entre la cultura española y la estadounidense, sobre todo en su visión del cuerpo y la belleza. «Te diré algo que me sorprendió de veras. En el momento en que llegué a España me sentí más mujer, más sensual, más femenina. Como pueblo, están más pendientes del cuerpo, lo aceptan y elogian. No son inseguros como los estadounidenses. Simplemente aceptan su cuerpo, valoran la maravilla de la anatomía humana, y personas de todas las edades y tamaños parecen sentirse cómodas y atractivas en su piel. Por ejemplo, uno pensaría que, puesto que muchas playas españolas permiten el nudismo, solo se presentarían para tomar el sol los cuerpos más perfectos. Pero no. Ves mujeres de todas las formas y tallas completamente cómodas, aceptando su cuerpo tal como es, sin importar si tiene veinte o setenta y cinco años, si es alta, baja, delgada o gruesa. De regreso en Estados Unidos, me fijo al instante en cada parte de mi cuerpo que no es perfecta. Busco algo de ropa para taparme los brazos, que de repente me parecen demasiado gruesos. En España, tengo la sensación de que mi cuerpo ya es perfecto tal como está. Allí me pongo camisetas de tirantes finos y no me preocupo por el aspecto de mis brazos. Me siento bella por el simple hecho de ser mujer.

«Además, lo que los estadounidenses considerarían flirteos es solo la forma en que los españoles y españolas de todas las edades hablan a todos en todas partes. Hay mucho contacto de miradas, toques, sonrisas cómplices, risa, conversaciones intensas y confesiones sinceras. Creo que esto también aporta a la sensualidad española y es probablemente la razón por la que disfrutan mucho hablando el uno con el otro en vez de quedarse mirando un iPhone. Charlar sin más es un entretenimiento muy real allí».

Cari admite que las cosas en España están muy lejos de ser perfectas. La economía está muy mal y hay mucho desempleo. La gente es increíblemente amistosa y adora reunirse en los cafés, pero puede ser difícil entablar amistades profundas, íntimas. Rara vez tienen huéspedes, con excepción de la familia, en casa. Existe una fuerte desafección hacia la iglesia y la religión, por culpa de los dictadores religiosos y opresores del pasado del país, por lo que no suelen darse conversaciones significativas acerca de Dios. Ningún país es perfecto ni lo tiene todo, pero España ha aprendido algo vital sobre mantener la pasión viva y no perder un corazón divertido como el de un niño.

EL DIVERTIDO ARTE DEL BAILE

En mi casa [...] siempre había música, y todo el mundo bailaba [...]. No éramos hippies, pero sí muy libres.

— PENÉLOPE CRUZ

Nunca olvidaré cuando fui a conocer a los padres de Misty en Muncie, Indiana, en el hogar donde ella había vivido con su familia siendo adolescente. Pasamos por una calle que se parecía mucho a la calle donde crecí. Entramos en una casa que también se parecía a la de mi juventud. Pasamos adentro y me di cuenta de que su casa tenía prácticamente la misma distribución que la de mi infancia en Tejas: una casa pequeña de ladrillo de estilo ranchero con cuartos a la derecha y la entrada al salón a la izquierda.

Sin embargo, una parte de esta casita era evidentemente distinta de la mía, y se me cortó el aliento cuando me la encontré. Sus padres abrieron la puerta del garaje y entonces supe que mi infancia y la de Misty habían sido mundos distantes.

> No dejamos de jugar porque nos hacemos viejos; nos hacemos viejos porque dejamos de jugar.
>
> —GEORGE BERNARD SHAW

El garaje de la familia Byrd parecía una combinación de heladería y tienda de discos. Un letrero de neón iluminaba en lo alto mientras una *jukebox* Wurlitzer llenaba la sala con sonidos de los años cincuenta y sesenta. El padre de Misty era un coleccionista de discos. Nunca fue rico, pero llevaba cuarenta años pagando unos centavos por un disco, o una pila de ellos, aquí y allá. Visitando mercadillos callejeros o caseros, había formado su colección de más de doscientos mil discos estelares de esta especial época de mediados de siglo que tanto amaba. Nombra una canción de aquellos tiempos y te apuesto lo que quieras a que mi suegro podría encontrarla, ponerla en su tocadiscos y transportarte cinco o seis décadas atrás en unos minutos. Y canturrearía la melodía mientras sus cuatro chicas bailan riéndose y haciendo *doo-wop* de fondo. Cuando Mike Byrd falleció, dejó a su familia con muchos regalos preciosos, y los que más valora mi esposa son los recuerdos del divertido y revitalizador disfrute de la música y el baile.

¿Recuerdas el crucero terrestre de NewLife al principio de este capítulo? Bien, hay un poco más que contar de esa noche después de que pusiera mis ojos en Misty la de la Hermosa Sonrisa. Después de que la banda de mi colega John Townsend tocara algunas canciones, John se bajó del escenario durante la siguiente canción y se vino a mi lado en la pista de baile. Queríamos asegurarnos de que todos los asistentes pudiesen bailar si así lo querían. Incluso buscamos a algunos invitados que iban en silla de ruedas y las pusimos a girar, para que se sintieran tan ligeros sobre sus ruedas como los demás sobre sus zapatos. Fue muy divertido. Entonces, cuando John saltó para volver con los músicos, una mujer que había estado sentada cerca de Misty me mencionó que ella todavía no había salido a bailar.

Le extendí mi mano a Misty y la invité a bailar. Breve y divertido, nuestro momento le parecería insignificante a cualquier observador, puesto que Misty fue una de las muchas personas con las que bailé esa noche. Pero yo no lo olvidé. Un año más tarde, cuando emocionalmente me encontraba en una situación mucho mejor, tuve el valor de pedirle una cita a Misty, y volvimos a bailar juntos.

Desde entonces no hemos dejado de bailar.

Más ventajas de un carácter divertido

- *La gente divertida es más inteligente y más sabia con los años.* Un estudio llevado a cabo en Penn State centrado en los ancianos mostró que el espíritu festivo en la tercera edad está relacionado con un mejor funcionamiento cognoscitivo y emocional.

- *La gente divertida tiene menos estrés.* Lynn A. Barnett, profesor adjunto de la Universidad de Illinois y experto en este tema, dice: «Los que tienen un carácter divertido no huyen del estrés, tratan con él; no caen en la evasión». Gracias a esto, en la práctica experimentan menos tensión.

- *La gente divertida se entretiene y rara vez se aburre.* En otro estudio, Barnett descubrió que las personas con carácter divertido tenían más costumbre de entretenerse cuando se las obligaba a sentarse en una sala vacía. «Las personas menos divertidas lo odiaban. Estaban deseando salir», dice Barnett. Los más divertidos *disfrutaban* prácticamente de estar sentados en la sala aburrida, aun cuando no estaban haciendo nada que los investigadores pudieran observar. «Estaban en sus pensamientos, entreteniéndose allí», afirma.

Si la música acompaña, bailamos en un centro comercial, un salón, un baile benéfico, en cualquier lugar donde sintamos que el ritmo y las ganas nos ponen en movimiento. Cuando estaba en la universidad y el seminario, me encantaba bailar, pero era una de esas aficiones que decayeron conforme pasaron las décadas y la vida pareció volverse más seria. Misty no solo trajo risas a mi vida; también revivió mi amor por la música y el baile. Con frecuencia ponemos música en nuestro hogar, así que nos resulta natural bailar en los brazos del otro, en la cocina o en el baño, adentrarnos en el ritmo de la canción y en la cadencia del latido del otro. Los niños se han acostumbrado a ver a mamá y papá ponerse a dar unos pasos de baile mientras se está haciendo la comida, o a moverse a ritmo de vals mientras los filetes se están dorando en la parrilla del patio. Les encanta, y ya les estamos enseñando algunos de nuestros pasos para que puedan unirse a la diversión.

Salsa. Tango. Flamenco. Algunos de los bailes más sexis del mundo hablan español. El tango, por ejemplo, es en esencia una representación dramática de la tensión sexual entre dos personas. Es un baile seductor y sugerente en el que los pies siguen la misma dirección de una manera decidida y apasionada, pero la cabeza de la mujer se aparta de la del hombre como si dijera: «Tendrás que esforzarte para ganarte mi mirada y mi atención. Tendrás que perseguirme, cariño, si quieres conseguirme».

¡El amor es tango y el tango es amor! Sí, es un baile, pero mucho más que cualquier baile. Es una conversación entre dos almas, dos corazones y dos cuerpos. Es una danza sagrada a la que nos incorporamos el uno con el otro, donde lo «masculino» y lo «femenino» se sienten plenamente expresados y respetados.

—Ilona Glinarsky, instructora de danza

El baile está tan próximo a hacer el amor como te lo permitan tu vestimenta y tus zapatos impecables. Y los bailes españoles son todo romanticismo, flirteo, énfasis en la polaridad de los dos sexos, insinuante tira y afloja del ritual de apareamiento.

Y esto es probablemente parte de la razón por la que muchos bautistas del Sur que crecieron en mi época se aprendieron una cantinela que decía: «No bebo, ni bailo, ni fumo ni masco; ni salgo con chicas que lo hagan». Mis padres eran bautistas del Sur que no tomaban alcohol, pero, en lo que respecta a bailar, no podían negarse. Mi padre procedía de una familia donde se bailaba. Uno de los recuerdos más encantadores que conservo de mis abuelos es el día que despejaron el salón de su casa del lago y bailaron una polca marcando el paso en perfecta sincronía mutua. Mi abuelo, «Papá Art», tenía una presencia y personalidad que recordaban a la de John Wayne. Lo que aprendí de él esa noche fue que un caballero sureño podía ser lo bastante rudo como para discutir con su esposa, pero también lo suficientemente amable como para bailar con ella.

Hace unos años tuve el gran privilegio de sustituir a Rick Warren, predicando durante cinco cultos en una semana en la iglesia de Saddleback. Después de una de las predicaciones, el ambiente estaba especialmente caldeado y los músicos de alabanza interpretaron un tema entusiasmante, lleno de metales y percusión, que puso mis pies en movimiento. Dirigí una mirada a Misty, que estaba sentada en la fila de enfrente. Me la devolvió e hicimos lo que por naturaleza teníamos que hacer. Vino a mis brazos y empezamos a movernos siguiendo unos pasos de rock. La puse a dar vueltas y balancearse delante del auditorio de aquella megaiglesia bautista del Sur. Los parroquianos que iban conversando conforme salían de la iglesia se detenían y sonreían mirándonos.

No pudimos evitarlo. Cuando dejamos de bailar, oímos aplausos espontáneos de muchos que se habían quedado atrás para mirar. De alguna manera, creo que Dios estaba allí mismo sonriendo con nosotros. A lo largo de todas las Escrituras, la danza era una parte de la experiencia de adoración, como lo sigue siendo en muchas culturas. Incluso los bebés en pañales se ponen a mover el cuerpo al ritmo de la música; el baile parece ser algo innato programado en nuestro ADN.

Me encanta cuando nuestra alegría de bailar inspira a otros y deciden tomar un par de clases. Una pareja, amigos nuestros, decidió ir a clases de tango. Pero, como la esposa estaba tratando de dirigir, el instructor le dijo que cerrara los ojos. Se quedó sorprendida al ver que así podía dejarse llevar, confiar en su pareja y bailar con más soltura. El baile, como la pasión, es una cuestión de rendición y entrega —sin saber del todo qué hay por delante— a los sentimientos de atracción, emoción y amor de nuestra relación. Al bailar, la mujer confía en que su pareja la guiará con la mínima presión de sus manos en su cintura y su mano, sin una palabra. Puede literalmente cerrar los ojos y entregarse a la música y a su contacto.

Hacen falta dos personas para estar completamente sintonizados y presentes en el momento, que es una de las cosas más encantadoras de bailar: toda la palabrería que tienes en la mente tiene que detenerse mientras sucumben juntos ante al influjo de la música.

EL AMOR DE LA RISA

Cualquiera puede ser apasionado, pero hay que ser un verdadero amante para ponerse en ridículo.

— ROSE FRANKEN

Algo de lo que estoy orgullosa: puedo reírme de mí misma.

— PENÉLOPE CRUZ

Si tuvieras que dar un paseo durante una noche de verano en España, oirías los sonidos de la música y de la gente hablando, pero, por encima de todo eso, oirías las risas. A los españoles les encanta reír, lo cual es una muestra de su carácter divertido.

¿Cuándo fue la última vez que te reíste tanto que no podías ni estar de pie, que se te saltaron las lágrimas de la risa? ¿No experimentaste después una sensación maravillosa de haber dejado el estrés, un sentido de bienestar general, un cansancio reconfortante? La risa nos deja agotados en el más maravilloso de los sentidos. De hecho, reír es equiparable al buen sexo por su capacidad para aliviar la tensión y propiciar un sentimiento de conexión entre los cónyuges.

> Existen atajos para la felicidad, y bailar es uno de ellos.
>
> —Vicki Baum

Al principio de este capítulo, como recordarás, dije que el rasgo número uno que un hombre desea en una mujer con la que quiere pasar toda su vida es que tenga sentido del humor. A causa de mi TDAH, el sentido del humor de Misty ha sido una de las gracias salvadoras de nuestro matrimonio. Ella no solo me encuentra más divertido que irritante, sino que también posee un humor punzante que me hace partirme de risa. Me ayuda a reírme de mí mismo en lugar de frustrarme con mi incapacidad para la concentración. Tener sentido del humor me ha ayudado a suavizar muchos de los ajustes necesarios en nuestro matrimonio y ha servido para hacer mucho más divertida nuestra relación y para añadirle pasión.

También supone una ayuda en el trato con nuestros hijos. Hace algún tiempo, nuestro hijo Carter se estaba quejando de uno de sus entrenadores de béisbol de la escuela. El entrenador podía saber mucho de béisbol, pero en cuanto a su estilo de entrenamiento se parecía más a un sargento testarudo y sordo, ladrando órdenes con severidad, gritándoles a los jugadores lo que tenían que hacer y cuándo: ¡hace siete minutos! Nunca miraba a los chicos a los ojos.

Misty y yo podíamos ver la frustración de Carter. Para ayudarlo a tranquilizarse, Misty lo animó diciéndole: «Oh, cariño, te entiendo. Seguro que estás acostumbrado a Steve. Es un poco diferente del estilo del entrenador gritón. ¿Te imaginas cómo lo haría Steve? "Muy bien, chicos, vamos a jugar a béisbol"».

Recogiendo el guante, imité la postura de un entrenador a punto de explicar la jugada a su equipo. «Muy bien —dije con mi mejor voz de entrenador hiperactivo—, parece que tenemos esas cuatro bases ahí. No, espera, me olvidaba del montículo del centro. Tres de ustedes lleguen a esas bases y yo pondré al lanzador en el montículo central. Si ves que la pelota viene hacia ti, agárrala. Atrápala. Lánzala. O toca a ese que te está pasando por delante».

Con el rabillo del ojo vi a Misty empezando a partirse de risa. Era todo el estímulo que necesitaba. «Muy bien, ahora alguien salta al montículo y lanza la pelota al chico del bate. Espera… tienes que hacer como que se la lanzas, pero engañándolo para que falle al golpearla. Muy bien, correcto, muy bien. Necesito alguien detrás del bateador, que hinque una rodilla en el suelo y le pase la pelota al del montículo. Bueno, bueno, ahora, ¿ves todo ese espacio entre las bases? Necesitamos tres chicos repartidos por ahí. Ustedes tres atrapen la pelota y láncenla a donde se dirige el corredor. Muy bien, ahora lánzasela al tipo del bate, a ver qué pasa».

A estas alturas Misty se estaba revolcando de la risa. Carter también se estaba partiendo, se le había cambiado la tensión por una risa sofocante.

Una vez terminado el número cómico y amainada la risa, noté que Misty me miraba como diciendo: «Me encanta cómo nos haces reír». Un momento después, comenzaron de nuevo las risitas y estábamos todos en una segunda ronda de carcajadas.

Misty me dice con frecuencia que la risa es un estupendo precursor para llevarla a una mayor intimidad conmigo. Cuando las parejas ríen juntas, están de acuerdo en algo (en que algo es cómico). Los chistes privados entre cónyuges crean un vínculo de entendimiento mutuo y recuerdos graciosos. Reír juntos ayuda a crear seguridad, nos permite bajar la guardia y disfrutar del placer de que el otro nos conozca, defectos incluidos. Con todo esto quiero decir que los hombres deberían ser sabios para maximizar el cociente de risa en su matrimonio, especialmente si quieren aumentar el cociente de pasión.

La actriz Joanne Woodward estuvo casada con el atractivo rompecorazones Paul Newman por cincuenta años antes de su muerte en 2008. Cuando le preguntaron por su secreto para mantener la atracción toda una vida, contestó: «Lo sexi se agota con el paso del tiempo, pero estar casada con un hombre que te hace reír todos los días, ah, ese sí es el truco». El mejor negocio del mundo tal vez sea la risa. No cuesta nada, desafía a la edad, te une con los demás, te hace parecer más sexi de lo que eres en realidad y ayuda a todos a sentirse mejor casi al instante. Y, si puedes hacer reír a alguien, ganas, aun cuando no estés compitiendo.

TRABAJAR PARA VIVIR

Siempre supe que quería una familia, gracias a cómo me crie. La familia ha sido siempre lo más importante.

— PENÉLOPE CRUZ

La gente de España (y de varios otros países mediterráneos) tiende a trabajar para vivir; no viven para trabajar. Quisiera pensar que es así porque simplemente tienen las prioridades correctas, sobre todo en cuanto a la importancia de la vida familiar.

«En España, el trabajo se adecúa a la vida social y familiar, no al revés. El fundamento de la sociedad española es la familia y la comunidad, y los españoles destacan por sus estrechos lazos familiares, su amor a los niños y su cuidado de los ancianos (a los que rara vez abandonan en residencias asistidas)».[11]

Dado que mi trabajo para NewLife y como orador me obliga a estar a veces fuera de casa, mantengo la conexión todo lo posible. Dejo notas, y llamo y mando mensajes durante los viajes. Con el prodigio moderno de FaceTime y Skype, comemos juntos como familia cuando estoy a miles de kilómetros. Estoy muy agradecido porque la diversión, la risa y el amor pueden transmitirse por la Internet cuando tengo que estar fuera.

Antes de regresar a casa, normalmente en el avión o en el hotel, diseño y escribo cartas y tarjetas (hablo más de esto en el capítulo 5) y recojo sorpresas para todos. Esto me ayuda a mantenerme centrado en mi familia. Cuando llego a casa, es esencial que yo esté de verdad ahí, en todos los sentidos del término. Este pasado otoño fue duro con los viajes. Estuve diez días en Irlanda y varios más en Brasil, seguidos de unos días más en Nebraska. Esto significó un gran volumen de actividad y nuevas experiencias que a mi personalidad llena de energía le encantan, pero no estaba preparado para el agotamiento con que acabé tras tanto viaje internacional. ¡No podía esperar a llegar a casa! Podría haber estado tentado a pasar por la puerta, contar todas mis fascinantes experiencias y luego darme una siesta de veinticuatro horas. Pero he aprendido a dejar en espera mis relatos durante unas horas mientras me dedico al cien por cien a mi amor por mi esposa y mis hijos. Necesitan saber que son mi vida, mi prioridad número uno, y que, no importa a qué parte del mundo viaje, hay un sitio que me importa más que ningún otro, y ese sitio es mi hogar.

Si el equilibrio entre mi vida familiar y laboral se descompensa (y eso ha sucedido), Misty me lo hace saber. Lo saca a colación y lo comentamos. Me doy cuenta de que me he salido de pista, hago los ajustes necesarios en mi agenda y eso cambia para mejor el humor de todos.

Amigos, aquí tienen una manera de comprobar si son un «papá divertido» para sus hijos: cuando entran en casa después de un largo día o de un breve viaje, ¿corren sus hijos hacia ustedes sonriendo? ¿O se escabullen en silencio, dándoles espacio? Esos minutos iniciales después de que entran en casa están cargados de significado. Tómense su tiempo para saludar a los niños de una manera afirmativa, divertida. Abracen, hagan cosquillas, rían y reaccionen con entusiasmo a cualquier cosa que ellos quieran enseñarles o contarles.

Después busquen a esa linda esposa que tienen, rodéenla con los brazos, inclínenla hacia atrás en un elegante movimiento de baile y díganle, con su mejor acento de Antonio Banderas, que su Don Juan personal ha llegado para hacer realidad todos sus sueños. Invítenla a subir arriba y hacerle el amor apasionadamente… o laven la vajilla o entretengan a los niños mientras ella recupera el aliento.

Hagan lo que hagan, que sea algo que disfruten sinceramente en familia. Jueguen.

Luego fíjense y verán cómo la aguja del medidor de pasión de su matrimonio comienza a subir.

Trece maneras de mantener un espíritu divertido en tu matrimonio

1. Vean una película o jueguen a algo que con seguridad los haga reír a los dos. Algunas de nuestras favoritas son *Elf*, *Hechizo del tiempo* y *La princesa prometida*.

2. Decidan reír más y criticar menos. Hagan de la comida familiar un tiempo de risa y diversión convirtiéndola en terreno libre de críticas. Pregúntense unos a otros sobre las experiencias más embarazosas o los momentos más felices y divertidos de la semana.

3. Por diversas razones, los estadounidenses tenemos a menudo nuestras mentes en modo rápido: por nuestra ética de trabajo, nuestras muchas actividades, la cultura de los medios sociales y la Internet, le damos un gran valor a la eficiencia y a terminar las cosas con rapidez. Dense permiso para apartar un tiempo cada día para aminorar la marcha y dejar pasar el rato, tanto en soledad, para pasar tiempo en oración o meditación y dejar ir las preocupaciones, como pasando tiempo juntos como una manera de bendecirse mutuamente con su atención, presencia y amor. En esos ratos dejen a un lado la tecnología. Piensen como un español y reduzcan la marcha.

4. Pregúntense: «¿Vivimos para trabajar o trabajamos para vivir?». Hablen sobre el equilibrio y sobre maneras de dar prioridad a su vida fuera del trabajo, sobre todo si el trabajo ha comenzado a aumentar y disminuye su capacidad de relajarse, pasarlo bien, desconectar los ruidos de su cabeza y estar plenamente presente el uno para el otro.

5. Si les gusta bailar y hace tiempo que no lo hacen, plantéense salir una noche a cenar y bailar. Mientras cocinan o se relajan en casa, pongan música que los anime a tomar de la mano a su pareja y marcarse un tango o unos pasos de salsa en la cocina. O tomen unas clases de baile latino.

6. Adquieran conciencia de la importancia del cuerpo, pero sin obsesionarse. Es decir, muestren gratitud y aprecio por su cuerpo, tratándolo bien, y muestren a su pareja cuánto la aman y valoran su cuerpo también, con palabras de elogio, un guiño simpático o una palmada sexi, una caricia suave. Nunca critiques el cuerpo de tu cónyuge. Ten especial cuidado en poner los ojos en el premio que es tu pareja cuando salen en público, colmándola de miradas de amor. No pasees la mirada por la sala ni te fijes en otras personas atractivas; tu pareja merece

que tus ojos estén sobre ella y poder sentir, en tu presencia, que es la persona más deseable del lugar.

7. ¿Se divierten en su vida sexual? ¿Se toman el tiempo que necesitan para tomárselo con calma antes, durante y después del sexo, para conectar a nivel profundo? (El sexo rápido también puede ser divertido, pero asegúrense de apartar tiempo para hacer el amor sin prisas).

8. Jueguen a algo, dentro o fuera de la casa, que sepan que genera un ambiente divertido: Twister, Pictionary, Tabú y las adivinanzas suelen provocar buenas risas. Arreglen una cancha de croquet o bádminton en el patio, para que las comidas allí puedan acabar jugando espontáneamente. Tengan a mano un *frisbee*, balones, pelotas gigantes o un bote de pompas de jabón en una cesta en el porche para facilitar la diversión. Pónganse a jugar y vuelvan a ser niños en su corazón.

9. Vayan a un espectáculo de monólogos o de improvisación, para todos los públicos. Pueden ser desternillantes, y con frecuencia participa el público, de manera que es más que un entretenimiento pasivo.

10. Cultiven un humor risueño, es decir, estén pendientes del humor de la vida, fíjense en las peculiaridades cotidianas que hacen tan encantadoramente divertidos a los seres humanos, y compártanlas en la comida. Aprendan a reírse de sí mismos, de sus defectos y errores, más como algo cómico que como algo por lo que angustiarse. Adquieran el hábito de compartir dichos divertidos, historietas, memes o anécdotas con su pareja mediante mensajes de texto, correo electrónico o Facebook durante el día cuando estén lejos el uno del otro. Envíele a su cónyuge un mensaje divertido y de flirteo una vez al día, algo que sepan que lo hará sonreír o reírse, animarse y desear el momento de

reencontrarse al final del día. ¡Todo el mundo puede cultivar un mejor sentido del humor!

11. Añadan más romanticismo a su lenguaje. Aprendan algunas expresiones o términos cariñosos sexis y románticos del español, el italiano o el francés, que queden solo entre los dos. Comprueben también el porcentaje de palabras positivas y negativas en su vocabulario personal. Pongan el acento en ser más positivos en el estilo de comunicación con su pareja y sus hijos; sean más optimistas y entusiastas siempre que puedan. Esto no significa ser falsos cuando están tristes o atravesando luchas, pero, para mucha gente, ser negativo se ha convertido en un hábito, una manera de provocar compasión o captar la atención. Trata de ser el que anima en la familia y busca maneras de reforzar a tu pareja.

12. Salgan a no hacer nada, solo pasarlo bien. Los estadounidenses son increíbles a la hora de convertir incluso las vacaciones en oportunidades para ponerse al día con el trabajo. Vayan a cualquier parte que los fuerce a desconectar de la rutina, los anime a relajarse en un nuevo entorno, y, por encima de todo, ¡no olviden pasarlo bien! Para algunas parejas esto puede ser una acampada; para otras, será ir a la playa; para otras más, una escapada de fin de semana a un elegante hotel gracias a una oferta de la Internet. Puede ser tan simple como salir a pasear juntos un bello anochecer, en otro barrio o en un parque nuevo. Hacer cosas nuevas, incluso probar un nuevo restaurante, estimula las endorfinas del cerebro, trayendo sensaciones de felicidad.

13. Hablen de sus juegos favoritos de la infancia. ¿Qué les gustaba hacer en los días y tardes de verano siendo niños? ¿Cómo se entretenían? El simple hecho de compartir esos momentos puede ponerlos en una disposición de ánimo imaginativa, conectada, divertida. ¡Sorpréndanse con diversión espontánea!

CAPÍTULO 4

EL SECRETO DE SABOREAR LA COMIDA

Una da de comer a los seres cercanos y queridos, y les da de comer bien. Todos sabemos que la comida puede ser algo sensual […]. Una buena comida tiene el poder de recargar una relación, porque puede ser reparadora y sexualmente estimulante a la vez.

—FRANCESCA DI MEGLIO

En una escena de la película *Julie & Julia*, la cámara abre con Paul y Julia Child cenando juntos en un restaurante parisiense. El camarero se acerca a la mesa y les sirve un filete de lenguado que ha sido marinado y cocido a fuego lento en mantequilla negra. Julia prueba el pescado y su expresión se convierte en puro éxtasis. Entonces, en un ritual que conocen bien todas las parejas que se aman entre sí y a la buena comida, dice: «Tienes que probar esto», y le da a su marido un trozo del exquisito plato. Ambos están tan absortos con este bocado perfecto que no encuentran palabras para la experiencia; solo llegan a mascullar y farfullar hasta que Paul responde asintiendo a su esposa, enmudecida y maravillada hasta el punto de casi llegar a las lágrimas: «Lo sé, lo sé, lo sé».

En su libro *My Life in France* [Mi vida en Francia], Julia recordaba esta comida, su primera en París, como la más emocionante de su vida. Poco sabía ella entonces que se había encendido un fuego de pasión que pronto empezaría a arder y cambiaría el mundo de la cocina para siempre.

Es también una de mis escenas preferidas de la película, un vislumbre de cómo compartir una suntuosa comida con tu amor puede provocar sensaciones de pasión y de conexión. Esta breve escena muestra magistralmente cómo la comida involucra todos los sentidos: el aspecto apetecible del pescado servido en la cazuela de cobre donde lo cocieron, el aroma irresistible (en la escena, Julia inhala su vapor y dice como en sueños: «Mantequilla»), la sensación táctil cuando separan las láminas de carne de la espina, su chisporroteo, y por último el delicioso bocado que explota en la lengua. La comida, cuando está bien hecha, es una de las pocas cosas de la humanidad que pueden proporcionar una especie de «experiencia integral» de éxtasis. Cuando está preparada con talento y amor, y nos tomamos el tiempo para deleitarnos en ella con la pareja, la comida puede empapar de placer todos nuestros sentidos.

> En Francia, la cocina es una expresión artística muy seria y un deporte nacional.
>
> —Paul Child, *My Life in France*

Quizás el viejo refrán «El camino al corazón de un hombre es a través de su estómago» sea, al menos en parte, cierto, pues la comida y el amor han estado entrelazados desde el inicio de los tiempos.

Uno de los misterios de la pasión mediterránea es la seductora fusión de comida y sensualidad, placer y amor. Aunque Francia es la más famosa por aportar los chefs más importantes del mundo, Italia, Grecia, España e Israel son famosas por sus platos llenos de colorido e intenso sabor. Y todos estos países son apasionados en lo que respecta a cultivar, cocinar, servir y saborear la comida de maneras que se alejan de la típica mentalidad de las parejas estadounidenses de «de prisa, a comer».

¿Cómo pueden aumentar la pasión en su vida y matrimonio aprendiendo a deleitarse en las experiencias gastronómicas? Déjenme contar las maneras.

APETITOS DE *GOURMET*
EN LA COCINA Y EL DORMITORIO

La gente que goza realmente de la comida tiende a ser
sensual...
Tiene que ver con disfrutar de los elementos físicos de la
vida. Uno de esos elementos es, bueno, la comida. Pero
otro [...] es el sexo. Dos cosas físicas que mantienen en
marcha la humanidad. Dos necesidades muy básicas,
y dos deseos muy básicos [...] de los que hay que
disfrutar.

— ZACARIAS GOLDSTEIN, *THE WEEKLY NOSH*

Quizás porque hay un vínculo innegable entre la comida y el sexo, muchas de las palabras que utilizamos para los dos son similares: delicioso, hambre, tentación, apetito, ardiente, saciado, satisfecho. Creo que Dios creó la comida y el sexo como algo agradable porque, bueno, nos ama y quería que probáramos el puro gozo de las experiencias humanas multisensoriales. (¿Quizás un anticipo de la dicha celestial?). Porque, sí, Dios es así de bueno. Y también porque en esas experiencias hay un factor de sostenimiento vital. Necesitamos comer con regularidad para vivir y para estar sanos; las parejas necesitan juntarse en intimidad regularmente para llevar una vida feliz y saludable con una pasión duradera.

En sus encantadoras memorias *Lunch in Paris* [Almuerzo en París], Elizabeth Bard escribió sobre un enamoramiento, que acabó en boda, con un francés en París. Él la cortejó con la comida, preparando platos increíblemente sabrosos con los ingredientes mínimos y una cacerola de un dólar en su minúsculo apartamento. Ella creía que su admiración y disfrute de su cocina de *gourmet* era parte de lo que la atrajo irresistiblemente hacia él. Así lo expresó: «Es sencillo: las mujeres que no disfrutan de la comida odian el sexo. Las que chupan las patas de la langosta, piden postre y se lo comen, esas son las que te arrancarán la ropa y querrán repetir».[1]

Hmmm. Algo en que pensar, damas y caballeros.

COMIDA, CIENCIA Y SEXO

En Italia, la seducción comienza en la mesa, pues comida y sexo están íntimamente ligados.

— JODIE GRUMMOW, *ALTERNET* [2]

En el cerebro, la comida y el sexo se solapan de manera tan profunda que no sorprende que estas dos pasiones primarias se encajen a menudo en la vida real. De hecho, algunos estudios fascinantes abordan el vínculo entre la comida y el sexo.

Los investigadores han descubierto algo que quizás no sea demasiado impactante: las mujeres bien alimentadas tienen mucha más probabilidad de tener deseos de sexo que las que pasan hambre. Esto se debe a que el cuerpo de la mujer bien alimentada produce la hormona leptina, la que permite que las hormonas del sexo obren su magia en el cerebro, Cuando una mujer está hambrienta, baja la leptina, y las hormonas del deseo con ella. Así que, amigos, cada bocado que ella da contribuye a acabar en el dormitorio.[3]

Otro interesante dato científico de la comida y el sexo: cuando entrenas tu cerebro para detectar matices de sabores en el vino o la comida, es como si hicieras *cross training*. Son los beneficios de ser más un *gourmet* todo terreno desde la cocina y el comedor al dormitorio. «Experimentar nuevas sensaciones —o hallar un nuevo matiz en las ya conocidas— puede crear cambios físicos en el cerebro que nos conviertan en degustadores más sensibles y en mejores amantes», dice el doctor Adam Pack, neurocientífico del Utica College.[4] La doctora Beverly Whipple, coautora de *La ciencia del orgasmo*, está de acuerdo. «Probamos, olemos y literalmente consumimos a nuestros amantes. El aspecto, la textura, el aroma de la comida [...] todas esas cosas pueden inundar también su vida sexual».[5]

Tal vez pienses que amar la comida y disfrutarla tanto podría llevar a la obesidad y perjudicar tu vida sexual. *Au contraire*. Los investigadores de la Cornell University descubrieron que «aquellos que han comido la más amplia variedad de comidas excéntricas, desde la lengua de vaca al kimchi, también han reportado altos niveles de actividad física, afición a cocinar, interés en la nutrición y la salud y, lo que podría ser el hallazgo más convincente, índices de masa corporal más bajos. Así es. Los que tenían un mayor interés en la comida eran también los que entraban en los niveles de peso normal saludable».[6]

No hay duda de que en los países mediterráneos se valora y se saborea la buena comida. Y, sin embargo, en estas naciones el nivel de obesidad es más bajo, y la salud de la población más alta, que en Estados Unidos. ¿Podría esto deberse, en parte, a que la gente de estos países respeta y honra más la comida? De hecho, ¿podría ser que el problema de las dietas estadounidenses no es que amamos la comida demasiado, sino que la amamos (y respetamos) demasiado poco?

Cuando la gente que se considera sibarita (o *foodies*) sigue el estilo mediterráneo de alimentación, comiendo despacio y disfrutándolo como uno de los grandes placeres de la vida, obtiene beneficios para su salud. «Los autodenominados *foodies* pueden amar la comida y pasar una buena parte de su día dando vueltas para encontrar la última novedad culinaria, platos que estimulen su paladar y restaurantes especializados, pero ese amor va acompañado de respeto. No se exceden y, según recientes investigaciones, compensan sus comidas con ejercicio».[7]

Es de esperar que, si cambiamos nuestro modelo de pensamiento de la alimentación basada en comida rápida a una más lenta, de *gourmet*, eso beneficiará otras áreas de nuestra vida, en particular de la vida amorosa. Por ejemplo, creo que la pornografía es una especie de comida chatarra para la mente. Hacer el amor con tu persona amada, sin embargo, comenzando con coqueteos matinales y terminando con los cuerpos entrelazados en la noche, se parece más a un banquete de siete platos, la intención de Dios para el sexo *gourmet*. El porno es instantáneo y barato, y, aunque puede dar cierto alivio inmediato e intenso, deja, por debajo, un hambre aún presente y un dolor de estómago insatisfecho, hambriento de algo que nos sacie profundamente el cuerpo, el corazón y el alma. El sexo íntimo es una rica *fondue* de buen queso suizo sobre una *ciabatta* recién hecha, calentita y crujiente. El porno es queso enlatado untado en una galleta salada. Uno es la culminación de todos los elementos de la pasión mediterránea. El otro es la eliminación de todo lo que no sea alivio momentáneo, sin saciar el verdadero anhelo del corazón. No toleramos ni la pornografía ni los productos manufacturados del queso.

COCINAR PASIÓN

Cocinar es como el sexo; se trata de dar placer.

— GORDON RAMSAY

Del corazón del artista sale un grito que recorre el mundo entero: «Denme una oportunidad para dar lo mejor de mí».

— ISAK DINESEN, *EL FESTÍN DE BABETTE*

La galardonada película *El festín de Babette* cuenta la historia de una chef francesa que escapa durante una peligrosa guerra civil en París y es acogida por dos hermanas noruegas. No tienen idea de la magnitud de su talento. Cocina con los ingredientes que le dan: pescado a la sosa y otros alimentos sin color ni sabor.

Un día, Babette pide permiso para preparar un banquete para las hermanas y sus amigos luteranos. Le siguen una escena tras otra de ingredientes caros y exóticos que llegan en barca, incluyendo una tortuga viva y muchas botellas del mejor vino francés. Luego la cámara nos lleva a la cocina, donde se desata el talento de Babette como cocinera. Trabaja feliz y sin cansarse entre bambalinas mientras cocina y sirve una suntuosa comida acompañada de los vinos idóneos. Cuando los estoicos luteranos comienzan a comer y beber, se transforman y los vemos menos ásperos, gracias a la belleza y sabor de la comida, y a la calidez del vino en sus estómagos. Se relajan y se perdonan unos a otros males pasados, los rígidos labios se relajan en sonrisas y alaban a Dios por ese gozoso y sanador festín.

Hacia el final de la película, las hermanas descubren que Babette gastó hasta el último céntimo de sus ahorros de toda la vida en esa única comida. Las hermanas están afligidas al ver que Babette será ahora pobre para el resto de su vida. Pero ella les pide que no piensen así: «No, nunca seré pobre. Les dije que soy una gran artista. Una gran artista, *mesdames*, nunca es pobre. Tenemos algo, *mesdames*, de lo que los otros no saben nada».

Ese algo de lo que habla Babette es doble: primero, ella posee el don de proporcionar a otros un placer único y genial; en segundo lugar, le han brindado una oportunidad de dar lo mejor de sí, manifestar su arte con la comida, que es, de por sí, el placer por excelencia. Babette insiste en que, si bien sus amigos disfrutaron de un festín delicioso, ella recibió el placer mayor de imaginar, crear, cocinar y servir la comida.

Cuando cocinamos juntos y el uno para el otro, con amor y pasión, ya sea un simple plato de pasta en una cazuela de un dólar o un festín francés de siete platos, somos artistas en acción, poniendo nuestra creatividad y talentos en una bandeja.

Cuando Misty y yo nos encontramos en casa sin que la tiranía del reloj oprima nuestra agenda, nos encanta cocinar juntos. Cuando damos en el clavo, creamos algo tan delicioso y aromático que su recuerdo dura días. Uno de nuestros platos favoritos lo hemos llamado «La ensalada de tres horas».

Estamos ahí de pie, hablamos, tomamos algo y nos reímos mientras el otro agarra una tabla de cortar y un cuchillo afilado y pela y corta en rodajas o dados cualquier cosa que le parezca interesante del refrigerador y la despensa. La apariencia y olor de las verduras crujientes del huerto y las hierbas aromáticas llenan la cocina de los colores y fragancias del Edén. Hay algo inspirador en combinar comida fresca de la tierra, en un conjunto de vívidas tonalidades que da una sensación sorprendentemente artística. Cuando el plato principal es la ensalada, horneamos o compramos una barra de pan para acompañarla, y el aroma de ese pan caliente en el horno nos hace sentir más aún como si estuviéramos en una villa mediterránea, preparando la cena juntos. Luego elaboramos nuestra salsa favorita de lima, miel y cilantro y la vertemos sobre las verduras. ¡Cuando terminamos, la ensalada es un verdadero mosaico! Y, como puedes comer grandes ensaladas sin límite, sin la sensación de llenarte ni llegar al fondo del cuenco, da la sensación de que todo, desde el corte hasta el último bocado, dura horas. De ahí el nombre «ensalada de tres horas».

Por Acción de Gracias hicimos juntos *doce* pasteles de calabaza, de calabazas de verdad. (¡No te imaginas cuánto disfrutaron los niños!). Y en casa somos muy buenos con los guisos. Con seis bocas para alimentar, una olla de guiso fragante cociéndose a fuego lento en la cocina es fácil de hacer, adecuado para nuestro presupuesto, sano y delicioso. Y, aunque la mayoría de guisos comienzan con un buen caldo, el resto no tiene más límites que tu imaginación y las papilas gustativas, lo que convierte el guiso en otro plato divertido de cocinar juntos. Los niños también lo disfrutan añadiendo un poco de esto y de aquello, hasta que tenemos un guiso tan único como los chefs adjuntos que han participado en su creación.

CENAR FUERA Y EL DESEO

Sentí una vez más cuán simple y frugal es la felicidad:
una copa de vino, una castaña asada, un pequeño
brasero roto, el sonido del mar. Nada más.

— NIKOS KAZANTZAKIS, *ZORBA EL GRIEGO*

¿Nunca has recreado una receta —por ejemplo, la sopa de pollo de mamá— y, aunque hiciste todo lo que era técnicamente correcto, te das cuenta de que no sabe igual que cuando ella la cocinaba y la servía con amor? Parte de la razón puede ser que el amor es un ingrediente real. Pero hay algo más en juego. Cuando cocinas para ti, tiendes a probar mientras lo preparas; sabes todo lo que has usado para el plato, y puede resultar maravillosamente satisfactorio. Sin embargo, cuando otra persona cocina para ti, existe un elemento de novedad y sorpresa. Tu paladar está limpio, y te comes el plato ya en tu mente sin saber a qué sabrá. Y cuando das el primer bocado resulta estar recubierto de un sabor sorprendentemente delicioso, puede ser un verdadero subidón, uno de los suculentos placeres de la vida.

Diez alimentos considerados afrodisíacos naturales[8]

1. *Canela:* al comer canela se te calienta el cuerpo y, a la vez, aumenta tu libido. La canela tiene también propiedades antiinflamatorias, y puede ayudar a normalizar el azúcar en la sangre.

2. *Piñones:* abundantes en cinc, que es esencial para producir la testosterona, los piñones han aportado vigor sexual a los hombres desde la Edad Media. Puedes majarlos con albahaca, ajo y aceite de oliva para hacer un pesto delicioso.

3. *Cardamomo:* en *Las mil y una noches*, puedes leer sobre el uso de esta especia como afrodisíaco. La especia viene en vainas, que puedes moler para su uso según las necesidades. El cardamomo es reconfortante y picante, y puede aumentar el flujo sanguíneo, lo que explica probablemente sus propiedades afrodisíacas. (¡No me extraña que me encantara este té desde el primer sorbo!).

4. *Apio:* estas verduras crujientes y aromáticas sirven para dar sabor de base a sopas y guisados en cocinas de todo el mundo. Es también alto en nutrientes esenciales necesarios para tener buen sexo, y contiene dos sustancias químicas —androsterona y adrostenol— que, al ingerirse, actúan como atrayente sexual.

5. *Aguacate:* esta fruta sedosa y suave tiene una reputación como afrodisíaco que se remonta a la antigua época azteca. De hecho, los aztecas lo llamaron «ahuacuatl» que se traduce como «árbol del testículo».

6. *Almendras:* estos frutos son un símbolo antiguo de fertilidad que se remonta a tiempos bíblicos. Su dulce fragancia puede también servir como atrayente sexual. [Las almendras son también altas en grasas beneficiosas, fibra y vitamina E].

7. *Miel:* rica en vitamina B, la miel cruda orgánica contribuye a la producción de testosterona, que puede aumentar el deseo. También contiene boro, que sirve en la producción de estrógenos, que son importantes para el deseo femenino.

8. *Jengibre:* igual que las pepitas de chile, el jengibre aumenta y facilita la circulación y la buena temperatura del cuerpo. De hecho, cuenta la leyenda que la famosa cortesana francesa Madame du Barry daba jengibre a todos sus amantes para aumentar su deseo y mejorar su placer.

9. *Chocolate:* el chocolate negro, puro, tiene una reputación centenaria como afrodisíaco. El chocolate contiene feniletilamina, que estimula la misma hormona que tu cuerpo libera durante el acto sexual. También desencadena la producción de dopamina en el cerebro. No hace falta mucho. Prueba con un par de porciones de chocolate negro bajo en azúcar.

10. *Vino tinto:* con moderación, el vino tinto aumenta el flujo sanguíneo, te relaja y reduce la inhibición. Toma un poco de vino tinto, pero sin excederte.

El elemento de sorpresa agradable es una de las razones por las que las parejas suelen sentir cómo surge la pasión mutua cando salen a cenar juntos. Cenar fuera nos brinda toda clase de oportunidades para que reaparezca el romanticismo en nuestro matrimonio. A Misty y a mí no solo nos encanta cocinar, también nos encanta comer. Intentamos ir donde hay música en directo, para un doble placer. No pedimos un plato, ponemos un bufet en nuestra mesa y probamos todo lo que podemos, pidiendo con frecuencia el menú de degustación. Hay una pequeña emoción añadida cuando sales a comer fuera.

¿Recuerdas la primera cita para cenar que tuviste con tu cónyuge antes de casarte? Si cierras los ojos, ¿recuerdas el aspecto de tu cita al otro lado de la mesa, qué pidieron, qué dijeron, cómo era el ambiente e incluso quién les sirvió? Nunca olvidaré mi primera cita con Misty

Byrd. Cada detalle de aquella cena está grabado en mi memoria, probablemente porque durante los días y semanas posteriores la recreé una y
otra vez en mi mente.

En aquel tiempo, yo vivía en el sur de California y Misty, en Indiana.
Habíamos estado escribiéndonos por correo electrónico por meses.
(Tengo un libro de esos correos electrónicos, impreso y encuadernado.
Tiene un grosor de quince centímetros. ¡Obviamente, teníamos mucho
que decirnos!). Pasamos a las conversaciones telefónicas durante un par
de meses más. Así que, para cuando Misty llegó al aeropuerto de Orange
County para nuestra primera cita cara a cara, el ambiente estaba tan
cargado de expectativas que se podía cortar. (¿He mencionado que se me
cortó el aliento al verla en recepción de equipajes? Se veía incluso más
bella que como la recordaba junto a la fogata en el falso crucero).

Condujimos hasta uno de los restaurantes más agradables de Laguna
Beach, llamado Studio, y nos sentamos al aire libre, en un punto desde el
que se contemplaba el océano, tan cerca de las olas que podíamos oírlas
estrellarse en la arena abajo. A pocos metros de donde nos sentamos,
Lucille Ball y Desi Arnaz habían rodado las escenas de *Un remolque lar-
guísimo* en 1953. (El restaurante había sido un parque de caravanas en
los años cincuenta). El camarero nos dijo que a las dos palmeras que se
elevaban sobre nuestras cabezas las llamaron Lucy y Ricky (más tarde
esa semana, compré un cuadro de Lucy y Ricky, los árboles, no la famosa
pareja, en el restaurante, como recordatorio de una cena especial que no
quería olvidar).

Después de charlar un rato y de sonreír mucho, miramos el menú.
En aquel tiempo, llevaba casi veinte años sin consumir carne roja. Para
mi sorpresa, esta delicada dama alzó la vista, con sus ojos azules chis-
peando de alegría, y pidió un filete. Ni quiche ni el agradable *linguine*.
Nada de platos pequeños o delicados para Misty. Ella era quien era, le
gustaba lo que le gustaba, y esta chica de Indiana quería un filete bueno
y jugoso. Cuando Misty me ofreció un bocado de ese filete, sucumbí al
instante y rompí una dieta de dos décadas sin vacuno. Valió la pena cada
bocado de esa carne tierna, sabrosa, bien sazonada y en su punto. Hasta
hoy un buen mordisco de filete cocinado a la perfección me transporta

a esa velada mágica, y a los recuerdos de sentirme tan joven como un adolescente, enamorándome nuevamente de Misty.

CITAS EN EL SÚPER

«Las citas de mis padres consisten en ir… al súper —escribe la bloguera italoamericana Francesca Di Meglio—. Sé en lo que están pensando: ¿cómo puede *eso* contar como cita? Pero debo admitir que siempre que llueve y mamá sabe que papá tendrá que regresar temprano a casa del trabajo (es paisajista), se ruboriza de entusiasmo. "Vamos a ir a comprar", me dice como si tuviera cinco añitos y fuera Nochebuena. Poco se parece a una noche romántica en la ciudad. Pero, para mis padres, lo es. A veces, mamá toma la mano de papá en el auto cuando está a punto de arrancar. Escuchan sus cedés italianos preferidos. Y se dan un lujo, como un *filet mignon* o queso asiago. En esos días son todo sonrisas (y todos salimos ganando cuando se sirve la cena). ¡Dulce y delicioso amor!».[9]

¡Adoro esta imagen de una pareja italiana, con muchos años de matrimonio, que encuentra la diversión y la pasión con solo ir juntos al mercado!

A Misty y a mí nos encanta ir al cercano y colorido mercado campestre de Saxony, no es solo un mercado de productos frescos de las granjas locales, sino también de alimentos caseros y música animada. Otro lugar al que nos encanta ir para encontrar inspiración para una comida es el que yo llamo «supermercado euroasiático-panamericano-vietnamita». Para los sibaritas, es el país de las maravillas de los sentidos. Nos gusta escoger nuevos ingredientes exóticos, interesantes, que no habíamos intentado antes. Le añade un elemento de sorpresa y descubrimiento divertido a la cocina. ¿Por qué no tienen, al menos de vez en cuando, una cita aventurera para buscar y reunir nuevos alimentos para una comida especial o dos?

Me acuerdo de cuando descubrí el azafrán en uno de los mercados internacionales de nuestra ciudad. Esta especia, con más de 3.500 años de antigüedad, ha sido siempre una de las más escasas y buscadas. Y allí vi ese poco de azafrán, con sus esplendorosos hilos dorados, en una bolsita de un cuarto. No pudimos resistirnos a comprar un cuarto de oro que podía convertir hasta el más simple arroz blanco en un plato digno de la realeza. Y el cardamomo. ¿Has probado el cardamomo? (También es divertido decirlo muy rápido tres veces). Cuando di mi primer sorbo de infusión de cardamomo dije adiós a mi antiguo y fiel Earl Gray y di la bienvenida a este nuevo sabor, sin el que de repente ya no podía vivir. Es un poco ácido, un poco picante (es una de las especias que se usan en el té chai). Me encanta la combinación de arroz con azafrán, té de cardamomo y pan *naan* recién hecho, con sabor a ajo. Por muy poco dinero, puedes disfrutar de un sublime festín de especias que tus papilas gustativas te agradecerán. Cuando exploras nuevas especias, fragancias, y el intenso sabor de alimentos recién hechos, es cada vez más fácil dejar la comida chatarra. Pueden ir a casa y montar un pequeño banquete en menos tiempo, y con mucho menos dinero, del que emplearían en una hamburguesa precocinada y unas grasientas papas fritas. Es solo una forma más de mostrar que cuando disfrutas y valoras más la buena comida, permitiéndote ser un *gourmet* apasionado y atrevido, tu dieta se vuelve, de manera natural, más equilibrada y saludable, y no tienes la menor sensación de estar privándote de nada.

SERVIR LA COMPASIÓN

Cuando nos encontramos lidiando con el dolor, la cocina puede convertirse en nuestro terapeuta, y la comida, en nuestra fuente de comodidad.

— MIKA BRZEZINSKI, «THE PASTA CURE»

Como recordarás, al principio de este libro hablé de cómo la pasión puede adquirir forma de compasión en matrimonios de muchos años. Preparar y servir una comida a alguien que tiene hambre o está sufriendo, o ambas cosas, ha sido, desde el principio de los tiempos, una manera de compartir un amor palpable con los demás.

En el libro *We Laugh, We Cry, We Cook* [Reímos, lloramos, cocinamos], mi amiga Becky comparte esta historia sobre cocinar para su marido, Greg:

Greg no había almorzado, y estaba hambriento, me miró a mí y a continuación a la bandeja de bagre a las hierbas, con lonchas de papa al horno y ensalada de col fresca que yo había cocinado y le estaba ofreciendo, y dijo:

—Me has salvado la vida.

—¿Solo con servirte la cena? —pregunté.

—Sí —dijo con profunda convicción.

[…] Sé que Greg le exageraba cuando dijo «Me has salvado la vida», pero si alguna vez has tenido realmente hambre después de un día largo, y alguien te ha dado la bienvenida con un abrazo y comida caliente, la sensación puede parecerse bastante a la de salvarte. Quizás no sorprenda que Jesús hablara de cómo cuando damos de comer al hambriento —en sentido literal y figurado— también le estamos dando de comer a él. Un vaso de agua fría o un plato de sopa caliente, servidos con amor… no son poca cosa.[10]

La primera vez que visité a Misty en su hogar en Indiana, me preparó su plato caliente granjero preferido: sopa de papas. Mantequilla, sal, pimienta, leche, caldo, zanahorias, cebolla, apio, queso y papas nunca me supieron tan buenos. Era como cálido terciopelo líquido. Y, por supuesto, lo que le daba un gusto especialmente delicioso y reconfortante era que alguien de quien yo estaba enamorado la había preparado para mí. Y estás en lo cierto: nunca pruebo una buena sopa de papa sin sentirme transportado a aquella cocina de Misty y a todos los cálidos sentimientos de confort, cuidado y amor que me rodeaban aquel día.

John Tagliabue había conocido y contraído matrimonio con su esposa, Paula Butturini, italoamericana de nacimiento, cuando ambos eran periodistas en Roma. Su amor surgió entre comidas que cocinaban y compartían el uno para el otro en las cocinas de sus pequeños apartamentos en Italia.

Entonces, en 1987, ambos fueron a cubrir las noticias en la Polonia destrozada por la guerra. En su libro de memorias *Keeping the Feast* [Manteniendo el festín], Paula describe este como el tiempo en que la historia de amor cálido y feliz se convirtió en algo helador y terrorífico.

Estando en medio de una revuelta en Praga, Paula fue gravemente golpeada. Algunas semanas más tarde, John recibió un disparo y casi muere por las heridas.

Con el tiempo pudieron regresar a Italia, pero ambos estaban padeciendo los efectos de un trauma agudo. Paula descubrió que cocinar llegó a ser su fuente de consuelo, y, para John, en su doloroso estado de agotamiento mental, comer era una de las pocas cosas que aún podía hacer y disfrutar. Ella se sumergió en el ritual diario de cocinar y dar de comer a Juan con toda la pasión de que era capaz, y los pausados ratos a la mesa se convirtieron en la cuerda que los enganchó de nuevo a la vida y el uno al otro.

Paula escribe en su libro: «Esta noche, y todas las demás noches, cuando pueda sentirme cansada, sin apetito, o simplemente sin ánimo para preparar una simple comida, me obligaré a hacerlo de todos modos». Describe con detalle un proceso que te hace salivar, explicando cómo combina espaguetis calientes con almejas recién cocidas en su salsa, añadiendo ajo y mantequilla y rematándolo con perejil fresco. Luego continúa: «Llevaré la bandeja al comedor y entonces John, Julia [su hija] y yo, de repente hambrientos por el penetrante aroma a ajo y almejas que viene de la cocina, nos sentamos a comer. Los tres estaremos callados unos instantes mientras enrollamos los espaguetis en el primer tenedor que nos llevamos a la boca. Masticaremos ese primer bocado con hambre y quizás, si he acertado con la medida de todos los ingredientes, suspiraremos de deleite. Luego, ya animados, comenzaremos a hablar, reír y comer en serio, manteniendo el banquete que tenemos que mantener, el banquete que es nuestra vida».[11]

Este ritual de cocinar hermosos platos y comerlos en compañía de amigos queridos, cada día, con el tiempo, mejoró la depresión y suavizó la sensación de estar congelado emocionalmente. Mientras escribo este capítulo sobre la comida y el amor en los países mediterráneos, el mundo se está tambaleando por un ataque terrorista en la ciudad más visitada del mundo: París. Mientras leo fragmentos de *Keeping the Feast* esta semana, me impresiona cómo unos rituales reconfortantes, tan sencillos y liberadores —añadiendo el olvidado descanso, la luz del sol, cordialidad, tiempo, una pareja de buenos amigos— puede sanar a personas, y naciones, traumatizadas. Probablemente París también comenzará a sanar con un humeante café con leche, una barra de pan recién hecho, una copa de vino tinto, una oración compasiva, una palabra amable y un tierno abrazo a tiempo.

Como dijo el popular escritor gastronómico M.F.K. Fisher, «cuando se parte el pan y se bebe el vino se produce una comunión más que corporal». De hecho, cuando ofrecemos una taza de café caliente o un plato de sopa a nuestros seres queridos, podemos estar alimentando sus almas. Puede ser pasión en su variedad callada, apacible. Pero no subestimes su fuerza para unir a una pareja y contribuir a sanar sus heridas, grandes y pequeñas, a lo largo de toda una vida.

COMIDAS QUE PERDURAN EN NUESTROS RECUERDOS

Cuanto más involucrados están nuestros sentidos en un acontecimiento, más profundo se aloja en nuestro cerebro. En el libro al que aludí antes *We Laugh, We Cry, We Cook*, los autores escriben sobre esta conexión cerebro-comida-recuerdos. «Quizá por eso haya tantas capas ocultas de significado cuando removemos una cazuela de chile de mamá o cortamos una rodaja de sandía y notamos cómo nuestra mente nos lleva a las comidas campestres en los exuberantes y calurosos veranos de nuestra niñez. En la cocina intervienen todos los sentidos: el gusto de un helado casero de durazno, el olor del maíz dulce, los sonidos del filete chisporroteando en la parrilla, la textura lisa y dura de una manzana crujiente en la mano, la arrebatadora belleza de las hortalizas frescas arregladas con ingenio en la bandeja deforme de cerámica que hiciste cuando tenías nueve añitos. A diferencia de cualquier otra cosa, la comida se graba a fuego en nuestros recuerdos. Por eso cuando damos de comer a otros los alimentamos de un millón de maneras sorprendentes y memorables».[12]

¿Qué comida recuerdas que compartieron como pareja con más cariño? ¿Qué comieron, con qué música, qué escenario, qué sonidos? ¿Qué hizo que fuera tan especial que aun hoy puedes regresar en el tiempo a ese día, esa comida, y volver a experimentarla en tu mente como si fuera de ayer? Ahora, ¿cómo puedes usar este conocimiento para aumentar la pasión en tu matrimonio y darle a tu alma gemela un recuerdo perdurable que atesorar y considerar?

Los mediterráneos parecen dar lugar a comidas románticas memorables casi sin esfuerzo, y lo hacen a menudo. Quizás esta es la razón por la que sus lazos relacionales tienden a ser tan profundos, amplios y fuertes.

La comida que nos lleva a Misty y a mí de regreso a las colinas y valles mediterráneos es la minestrone. En California encontramos un restaurante, el Pomodoro, que tenía una minestrone como la sopa que tanto nos gustó en Roma, un bocado de paraíso líquido. Cuando nos trasladamos a Indianápolis, descubrimos que Maggiano's también tenía una minestrone muy buena, así que se convirtió en el lugar donde satisfacemos esos antojos mediterráneos.

En un cumpleaños especial de fin de década de Misty, prometí invitarla a su *zuppa* italiana preferida. En Maggiano, la llevé por el restaurante hacia una puerta cerca de la parte posterior. Cuando la abrí, unos treinta amigos y familiares comenzaron a cantarle «cumpleaños feliz» a mi esposa, que se quedó boquiabierta por la emoción y la sorpresa. Había contratado a un DJ para la ocasión, así que teníamos música en abundancia, junto con la comida italiana y el baile. En un momento dado, el DJ fundió con una imperecedera canción de amor que hizo popular Johnny Mathis, titulada *Misty*. Atesoro esa tarde, un pedazo de Italia en Indiana: música, baile, risa y amigos, las alegrías de la sensual vida mediterránea aquí en casa.

ABRIR TU MESA A LOS DEMÁS

La música, la risa, y el tintineo feliz de la vajilla
llenaban el aire, dejándonos a todos con una sensación
de que el mundo era un lugar magnífico.

— RAELEEN D'AGOSTINO MAUTNER, *LIVING LA DOLCE VITA*

Hubo una época en que la gente invitaba a otros a casa, acogía de buen grado las visitas inesperadas y celebraba veladas con cena como estilo de vida. En los porches había balancines en los que se sentaban y charlaban con los vecinos, a menudo compartiendo un vaso de limonada o té helado junto con las noticias del día. En algún punto del camino, los estadounidenses se han metido en sus casas y han cerrado las puertas. La gente se acurruca en casa alegando que busca la comodidad y seguridad del hogar. Pero también nos volvemos más aislados, tenemos más contacto con la tecnología que entre nosotros, cara a cara, de persona a persona.

Las parejas que se aíslan de esta manera, en mi opinión, se pierden una fabulosa oportunidad de ministrar a los demás como equipo, hombro con hombro, en el ambiente cálido e informal de su hogar. Cuando Misty y yo trabajamos juntos para invitar a personas y planeamos y preparamos una cena para compartir con ellas, eso no bendice solo a los invitados, también bendice nuestro matrimonio. Porque pocas cosas unen y dan tanto sentido como el uso de nuestros talentos compartidos para bendecir a quienes pasan por nuestra puerta para una comida memorable.

EL ARTE PERDIDO DE LA CONVERSACIÓN EN LA CENA

Cada vez más, cuando Misty y yo salimos a cenar, vemos parejas con sus iPhones en la mano, hablando virtualmente con otras personas en lugar de centrarse el uno en el otro cara a cara. También nosotros hemos caído en eso a veces. Es muy fácil pulsar la pantallita para recibir alguna información más, un poco más de la actualidad, otra entrada en Facebook, no perder la «conexión», mientras nos perdemos a la persona que tenemos delante. Parece que como sociedad estamos perdiendo gradualmente el arte de una conversación agradable e interesante durante la comida. Lo que hace que los mediterráneos se pasen horas juntos a la mesa es la buena conversación. ¿De qué hablan? Bueno, en primer lugar, sobre todo en Francia, no discuten problemas o asuntos negativos en la mesa. Existe la regla tácita de que las conversaciones deben ser interesantes e inspiradoras. (¿Alguna vez has intentado comer cuando uno de los comensales se enerva o se mete en una diatriba política? La digestión se te entorpece

Diez preguntas que hacerle a tu compañero o compañera en la mesa[13]

¡No todas de una vez! Elige una o dos cada vez.

1. Si estuvieras solo y por un día pudieras hacer todo lo que quisieras, ¿qué harías?
2. ¿Cuál es tu recuerdo más vivo de la infancia?
3. Si pudieras despertar mañana con una nueva capacidad o talento, ¿cuál sería?
4. ¿Qué consejo te darías a ti mismo en tu juventud?
5. ¿Qué esperas que piense la gente cuando piensa en ti?
6. Si tienes hijos: ¿qué es lo más importante que esperas que lleven consigo al salir al mundo?
7. ¿Quién ha sido la persona más buena contigo?
8. Si pudieras quedarte con un solo recuerdo para el resto de su vida, ¿cuál sería?
9. Cuando te imaginas con ochenta años, ¿qué ves?
10. ¿A qué le estás más agradecido?

y se corta cuando las conversaciones de la cena se vuelven inadecuadas y desagradables). De lo que más les gusta hablar a los mediterráneos es de ideas: filosofía, significado, cultura, observaciones. Son temas en los que todos los presentes pueden opinar. La educación de los mediterráneos los hace ser buenos conservadores y debatir temas de profundidad, sentido e interés.

«La buena conversación es tan estimulante como un café cargado, y es igual de difícil dormir después», escribió Anne Morrow Lindbreegh. Sin embargo, muchas parejas son tan perezosas en sus conversaciones que pueden dormir al otro por (1) no contar nada o (2) hablar de cosas que no tienen interés para su pareja.

Piensa en las personas con quienes más has disfrutado conversando en el transcurso de tu vida. ¿Qué tenían que te animara a entrar en la conversación y mantuviera tu interés? Misty y yo hemos hablado de esto y hemos descubierto que los amigos con los que más nos gusta conversar muestran un sincero interés en nosotros y en nuestros pensamientos y opiniones; se ríen con facilidad y añaden su propio sentido del humor; cuentan buenas historias sin ser acaparadores ni parecer que hablan desde la tarima; son vulnerables, abiertos y reales; es gente que lee y piensa; son curiosos y se interesan por la vida y los demás; tienen un crecimiento espiritual y desean hacer algo para que el mundo sea un lugar mejor; son conscientes de sus puntos fuertes y débiles, sus éxitos y fracasos, y eso los hace mostrar gracia y no juicio. Confeccionar esta lista juntos nos ayudó a ver por qué disfrutamos hablando con otra persona en la comida, y nos ayudó a identificar algunas maneras en las que cada uno de nosotros podríamos mejorar nuestras conversaciones. Trata de salir a cenar con tu pareja como si estuvieras con alguien a quien no conoces, pero a quien te gustaría conocer mejor. ¡Tal vez te sorprenda lo que descubras!

Quizás nunca has considerado la posibilidad de que saborear la comida, convertirte en un *gourmet* en la cocina, podría aumentar tu felicidad en el matrimonio y en el dormitorio. (Te dije que este libro sería divertido, ¿no es cierto?). Espero que este capítulo te haya abierto los ojos a las maneras en que la comida, cocinar y servir pueden contribuir a una mayor pasión en tu vida y el uno con el otro.

¡Bon appétit!

Una barra de pan, una jarra de vino, y tú.

— OMAR KHAYYAM

Trece maneras de tratar a la persona amada para tener experiencias divertidas con la comida

1. Sírvele a tu pareja el desayuno en la cama, o un té con algo de comer en una bandeja bien decorada. Algo que diga «te amo» de una manera tangible a través de la comida.

2. Pongan música y enciendan una vela para la cena esta noche, aunque cenen tacos o hamburguesas.

3. Preparen un picnic romántico con queso, galletas saladas y vino, quizás pasando por una tienda de *delicatessen* para elegir algunas ensaladas interesantes. Sorprende a tu pareja en el trabajo, o, si hace buen día, dense una escapada de fin de semana a un parque o un lago.

4. Asistan juntos a clases de cocina. Para añadir romanticismo, elijan una clase sobre cómo hacer un plato de Francia, de Italia, de España, de Grecia o de Israel, de los países mediterráneos conocidos por su pasión.

5. Salgan a comer tapas o aperitivos y prueben algunos platos que no hayan probado antes. Hay un gran restaurante de tapas en Scottsdale, Arizona, con vistas a un bello canal, donde hay baile flamenco una noche a la semana. Se llama Tapas Papa Frita. Busca un restaurante en tu zona que ofrezca entretenimiento junto con la comida. Es una forma estupenda y asequible de despertar todos sus sentidos por el precio de una comida para dos.

6. Preparen una cena con fiesta de otra época, invitando a una o dos parejas con cuya compañía disfruten. Recuerden, se trata

de que disfruten ustedes, así que debe ser sencilla. Tendrán que pedir a los invitados que traigan algún acompañamiento o hagan cualquier cosa que los libere de estrés y les permita divertirse.

7. Vayan juntos al mercado campestre o a la tienda de especialidades étnicas y preparen una comida basada en los alimentos que les parecen más apetecibles. ¡Prueben al menos un nuevo alimento, especia o hierba!

8. Planten un huerto juntos. Puede ser tan sencillo como un pequeño huerto interior junto a una ventana o tan completo como una auténtica huerta rústica. Si el espacio es un problema, busquen «huerto urbano en espacio reducido» en Internet, y encontrarán docenas de maneras de plantarlo en las parcelas más pequeñas.

9. Incrementen sus habilidades de conversación. La próxima vez que salgan a comer, prepárate algunas buenas preguntas, temas interesantes o historias inspiradoras o divertidas que has oído o leído. No olvides escuchar con atención y hacer preguntas de continuidad o elogiar las respuestas de tu pareja. Habla menos de problemas y más de soluciones, menos de sucesos negativos y más de experiencias positivas.

10. Creen su propia hora feliz diaria. Señalen el final del día de trabajo y el principio de la velada juntos sentándose con una bebida (vino, té caliente, limonada o agua con gas, por ejemplo) y quizás frutos secos o lonchas de queso o algo de fruta o verduras. Si les apetece, pongan una música suave. Pregúntense por los puntos clave del día, y ofrezcan un oído comprensivo a cualquier problema o dolor que su cónyuge pueda haber experimentado ese día.

11. Por turnos, busquen un nuevo café o restaurante étnico para probar cada mes. Para ahorrar dinero, pueden compartir una

comida o disfrutar de los aperitivos a mitad de precio en la hora feliz o simplemente ir a tomar el postre y el café. Incluso los restaurantes más caros tienen ofertas, y, si comparten una bandeja y piden una sopa y aperitivos, pueden disfrutar de sabores asombrosos en lugares hermosos sin salirse de presupuesto.

12. Preparen una comida usando tantos «alimentos afrodisíacos» como puedan, ¡solo por diversión!

13. Decidan aminorar la marcha y disfrutar de sus comidas juntos, prestarse atención, estar plenamente presentes. Que sea un tiempo para la seducción sin trabas.

CAPÍTULO 5

EL SECRETO
DE DISFRUTAR LA BELLEZA

*La mayor parte de las veces lloro de alegría y asombro,
más que de dolor. El gemido de una trompeta, el aliento
cálido del viento, el tintineo del cencerro de un cordero
descarriado, el humo de una vela que se acaba de extinguir,
el alba, el crepúsculo, la luz de una hoguera, la belleza
cotidiana. Lloro por la forma en que nos embriaga la vida
y puede que también, un poquito, por lo rápido que pasa.*

—MARLENA DE BLASI, *MIL DÍAS EN VENECIA*

Yo me crie en medio de la nada, en el oeste de Tejas. Uno podría pasar la vida entera allí sin experimentar belleza. Los pájaros se posan en los postes de teléfono porque son más bonitos que los árboles. Las abejas mueren al tratar de polinizar las flores de plástico de los jardines falsos que hay junto a las casas. Es tan árido que hay más plantas rodadoras que flores, más tormentas de polvo que gotas de lluvia. Algunos naturales de la zona me lo discutirán, seguro: los que piensan que los mezquites son hermosos, los que pueden dar un discurso sobre los atardeceres en las llanuras de pastos que se pierden en el infinito, los que piensan que la tierra roja es arte. Me alegro por ellos, pero no es lo mío.

Lo que este vacío de belleza hizo por mí fue darme una valoración aún más profunda de la belleza allí donde se encuentre. Misty y yo hemos hablado acerca de lo importante que es la belleza para nosotros, así que llenamos nuestra casa de música, cuadros y flores. También vamos de acampada, nos sentamos junto a un lago, paseamos, esquiamos y hacemos todo lo posible para vivir nuestras vidas rodeados de belleza natural siempre que es posible. Estoy convencido de que es una de las razones por las que nuestro matrimonio es rico en pasión, aun cuando estamos ocupados con una casa llena de niños. Notamos que, cuando rellenamos de belleza nuestros depósitos, eso nos inspira a amar mejor la vida y a valorarnos el uno al otro.

Las cosas que se describen normalmente como bellas —arte, música, la forma humana, la decoración del hogar, el paisaje natural e incluso los aromas agradables— tienen todas algo en común: atraviesan nuestros cinco sentidos y evocan sentimientos, recuerdos y estados de ánimo que parecen pasar por encima de los procesos lógicos, de consciencia (el córtex prefrontal del cerebro). La belleza, absorbida a través de nuestros sentidos, llega directamente al centro emocional de nuestro cerebro (el sistema límbico), mejorando el ánimo y creando las condiciones idóneas para el contacto amoroso, sin que hayamos tenido un solo pensamiento consciente al respecto. Todos hemos experimentado cómo algunos estilos de música pueden evocar emociones de melancolía, romanticismo o alegría, cómo el aroma de la canela y de la vainilla pueden hacernos sentir cómodos y confortables, cómo un cuadro o una escultura magníficos pueden traer sentimientos de sobrecogimiento e inspiración, cómo sentarse alrededor del resplandor de una fogata puede suscitar un estado de ánimo romántico o nostálgico, cómo mirar el atardecer sobre un lago o el océano puede hacernos sentir más conectados el uno con el otro.

Cuando vemos u oímos algo bello, la experiencia abre nuestro corazón y nos transporta a estados de mente serenos y más felices, dejándonos renovados en espíritu e inclinados a ser más generosos con los demás, a no ser tan duros y mostrar más gracia. De hecho, en este capítulo vamos a descubrir que la belleza natural y cultural que nos rodea puede tener el mismo efecto sobre los amantes que el sol sobre las flores, haciendo que las personas se abran, como los pétalos, para recibir calor y luz. Luego, con los corazones abiertos, están listos para darse amor el uno al otro.

Al rodearte de belleza, en todas sus formas, puedes encender una profunda llama de sentimientos de pasión y romanticismo. Aristóteles dijo: «La belleza es el regalo de Dios». Así es. Sobre todo es un regalo para las parejas que anhelan volver a experimentar la chispa de la pasión romántica.

En este capítulo nos centraremos en encontrar y disfrutar la belleza en la naturaleza, en la cultura y en nuestros hogares, y en la forma humana, particularmente en tu cónyuge. Los países del Mediterráneo son famosos por sus hermosos paisajes, esculturas y arquitectura, y su gente es famosa por crear belleza en el ambiente de su hogar, así como por celebrar la belleza física. No es de extrañar, entonces, que las parejas vayan a los países románticos a rodearse de todos los aspectos de la belleza, creando las condiciones perfectas para enamorarse el uno del otro una y otra vez.

BELLEZA EN LA NATURALEZA

¿Iba realmente a vivir un mes entero en medio de esto? Hasta ahora había tenido que coger sobre la marcha la poca belleza a su alcance, arrancando pequeños trozos cuando la encontraba; una mancha de margaritas [...] un día bonito, un destello de atardecer entre dos chimeneas. No había estado nunca ni siquiera en una casa venerable.

— LOTTIE, *UN ABRIL ENCANTADO*

Un abril encantado, la novela de Elizabeth von Arnim de los primeros años veinte (convertida en una película maravillosa a principios de los noventa), se abre con la historia de dos inglesas cansadas de la vida que, cada una a su manera, han dejado en suspenso su felicidad con el fin de ser excelentes y sacrificadas esposas. Han atendido las necesidades de los demás hasta el punto de que sus propios corazones se han quedado resecos, como huérfanos hambrientos abandonados por la ausencia de cuidado de sí mismas. Además, sus maridos, con prioridades gravemente equivocadas, las descuidan y subestiman. La autora describe así a una de las señoras: «Durante años solo había sido capaz de ser feliz olvidando la felicidad. Quería seguir así. Quería excluir todo lo que le pudiera recordar las cosas bonitas, que pudiera desencadenar de nuevo su anhelo, su deseo».

Porque eso es lo que pasa cuando nos encontramos con ella: despierta el deseo, en particular el deseo de compartir la felicidad con alguien que amamos, que a su vez nos ama.

En un día gris y húmedo londinense, uno de los personajes principales, Lottie, abre un ejemplar del *Times* y lee un anuncio: «Para aquellos que aprecian las glicinias y el sol. Se alquila pequeño castillo medieval italiano amueblado durante el mes de abril».[1]

A Lottie se le acelera el corazón. ¿Cómo sería experimentar tal belleza? Por no mencionar el respiro de dejar su vida de constantes obligaciones y servicios para su exigente esposo. Después de mucho retorcerse las manos y debatir, Lottie y su nueva amiga, Rose, deciden utilizar sus ahorros personales para alquilar la hacienda, junto con otras dos mujeres, y reúnen el arrojo para dejar a sus maridos en Inglaterra y valerse por sí solas. Las damas llegan a Italia a altas horas de una noche de diluvio, pero, con la ayuda del servicio italiano, llegan a sus habitaciones y caen exhaustas.

A la mañana siguiente, Lottie se levanta renovada y, tras unos minutos deleitándose en el entorno, corre a la ventana de su dormitorio y abre las contraventanas. Lo que contempla desde allí le llega al alma.

«Todo el resplandor de abril en Italia se extendía reunido a sus pies. El sol la bañaba a raudales. El mar yacía dormido bajo su calor, prácticamente inmóvil. Al otro lado de la bahía las hermosas montañas, de colores exquisitamente diferentes, estaban también dormidas en su luz».[2] Lottie únicamente puede estar parada mirando en su intento por asimilarlo todo. «Tanta belleza; y ella estaba allí para verla. Tanta belleza; y ella estaba viva para sentirla. Su rostro estaba bañado en luz.

Aromas encantadores ascendían hasta la ventana y la acariciaban. Una brisa diminuta agitó suavemente su pelo [...] ¡Qué hermoso! ¡Qué hermoso! No haberse muerto antes de esto [...] que se le hubiera permitido ver, respirar, sentir esto».[3]

En esos momentos, cara a cara con la belleza pura, Lottie siente que algo más se le remueve en su interior. «Era como si sintiera la necesidad de salir de sí misma, como si fuera demasiado pequeña para contener tanta alegría, como si estuviera inundada de luz».[4] Su mente vuelve a casa y piensa en su marido en Inglaterra, el hombre que siempre le había parecido egocéntrico e insensible. Pero ahora Lottie también lo ve, en su mente, inundado de esta luz transformadora, resplandeciente. «Sencillamente no conseguía verle como era. Sólo era capaz de verle transfigurado en belleza, fundido en armonía con todo lo demás [...] y se descubrió bendiciendo a Dios por haberla creado, protegido, y por todas las cosas buenas de esta vida, pero sobre todo por su amor inestimable; en voz alta; en un arranque de agradecimiento».[5]

Toda esta dicha, esta nueva generosidad del amor incondicional por su pareja, esta gratitud a su Creador, es a partir de unos momentos de estar en una ventana de la casa, sin hacer otra cosa que absorber la belleza de la costa italiana.

La belleza de la casa de campo obra su poder primero en Lottie y después, uno por uno, en los corazones de todas las mujeres que vienen al castillo. Conforme cada una comienza a absorber la belleza de su entorno, descansa y se renueva en el regazo de la naturaleza, comienza a su vez a ver lo mejor en los demás, a ver el dolor que hay tras los defectos de cada cual, y a ofrecer gracia en su lugar. El cálido sol y el mar azul parecen elevar su capacidad de verse desde una perspectiva más alta, de imaginar la totalidad de sus historias ocultas y de ofrecer amor y comprensión, cuando antes se habrían sentido susceptibles y a la defensiva, o indignadas.

El castillo en sí mismo, llamado San Salvatore, se convierte en una figura de Cristo en la novela, cortejando y abrazando a sus moradoras hasta que, como consecuencia, son cambiadas —su corazón se ablanda y ensancha— por el amor divino, a través de la belleza de la naturaleza.

Con el tiempo, Lottie invita a su esposo a reunirse con ella en la hermosa campiña italiana; no quiere que él se pierda la magia del lugar y su efecto transformador. Su esposo llega y no puede evitar fijarse en los cambios de ella, y comienza a verla con ojos nuevos, valorándola mejor. Se vuelve a encender su amor y pasión, se sienten de nuevo como recién casados.

Misty y yo fuimos bendecidos con una versión en miniatura de San Salvatore durante un tiempo después de casarnos. Era una casa de poco más de cien metros cuadrados, construida en la época del *art déco* de los años veinte (en los tiempos en que se desarrolla *Un abril encantado*). Situada en la costa del Pacífico, sus ventanas se abrían a un paisaje de arena blanca como la nieve, que daba al océano, cuyos matices de color iban a lo largo del día del azul turquesa al azul marino. La casa estaba edificada en medio de un jardín estilo años veinte, donde, en primavera, enormes flores púrpura de glicinias fragantes cubrían los setos de siete metros de altura. Aunque la casa era pequeña, estaba llena de historia y belleza condensada.

Nuestro pequeño hogar era un testimonio de que la belleza no tiene que encontrarse en mansiones suntuosas de millones de dólares. Esta pequeña gema era una de las casas más baratas de la urbanización y ciertamente una de las más pequeñas. Cuando, a regañadientes, decidimos vender nuestro «San Salvatore» en miniatura del Pacífico y formar nuestro hogar en Indiana para aumentar la familia, la despedida nos dejó un poco afligidos, pero los recuerdos perduran. Y nos hemos divertido mucho trayendo lo que pudimos de la belleza de nuestra casa en California a nuestro hogar aquí en el Medio Oeste. No importa dónde vivan, no importa cuán reducidos sean su presupuesto o su casa, si decoran y ambientan su hogar con toques personales de belleza, se elevarán sus espíritus y aumentará su pasión.

Vivir en un entorno natural hermoso, o acudir regularmente a uno a pie o en bicicleta, es un gran valor añadido para la pasión. El poder transformador de la hermosura de la naturaleza va más allá de las novelas románticas ambientadas en escenarios mediterráneos. Las investigaciones sobre el poder de la naturaleza muestran que nuestros cerebros tienen sus neuronas superconectadas en relajado placer cuando se exponen a escenas hermosas de la naturaleza: el estado perfecto para sentirse enamorado de la vida y el uno del otro.

Estas son algunas de las cosas sorprendentes que hace la belleza natural para mejorar nuestras vidas.

1. *La naturaleza es curativa.* Estar en la naturaleza, o incluso ver escenas de la naturaleza, reduce el enojo, el temor y la tensión y aumenta las sensaciones agradables. La exposición a la naturaleza no solo hace que nos sintamos mejor emocionalmente; contribuye a nuestro bienestar físico, reduciendo la presión arterial, el ritmo cardíaco, la tensión muscular y la producción de las hormonas del estrés. Algunos estudios indican que puede incluso prolongar la vida.

   Había un estudio clásico en el cual varios pacientes fueron operados de la vesícula biliar; la mitad tenía una vista con árboles, y la otra mitad tenía ventanas que daban a una pared. Según el médico que dirigió el estudio, Robert Ulrich, los pacientes con vistas a los árboles soportaron mejor el dolor, las enfermeras apreciaron en ellos menos efectos negativos y pasaron menos tiempo en el hospital.

   Hasta las plantas y las flores animan y curan. Las investigaciones realizadas en hospitales, oficinas y escuelas han descubierto que incluso una simple planta en un cuarto puede tener un impacto significativo en el estrés y la ansiedad. Tener flores por casa y en la oficina mejora sensiblemente el humor y reduce la probabilidad de depresión vinculada al estrés. Las flores y las plantas ornamentales aumentan los niveles de energía positiva y ayudan a que la gente se sienta segura y relajada.

2. *La naturaleza tranquiliza.* Dios nos creó de manera que nos dejen absortos los árboles, las plantas, el agua y otros elementos de la naturaleza; nos quedamos absortos ante escenas de la naturaleza y nos hacen olvidar nuestro dolor y malestar. (¿Nunca te has quedado como hipnotizado observando los peces en una charca o un estanque, el resplandor de una llama, el encanto de una

salida o una puesta de sol? La belleza natural puede tener en el cerebro un efecto hipnótico y reductor del dolor). Las sanas distracciones brindan a nuestro cerebro y a nuestro cuerpo una ocasión para descansar de la continua sucesión de pensamientos negativos.

3. *La naturaleza restaura.* La naturaleza afecta positivamente a nuestro bienestar. En un estudio de la revista *Mind*, el noventa y cinco por ciento de los entrevistados afirmó que, después de pasar un tiempo en la naturaleza, su estado de ánimo mejoró y, en lugar de sentirse deprimidos, estresados y ansiosos, empezaron a sentirse más tranquilos y equilibrados. Otros estudios muestran que pasar tiempo en la naturaleza o contemplar escenas de ella está relacionado con un ánimo positivo y con el bienestar psicológico, con una sensación de significado y vitalidad.

Una de mis figuras históricas preferidas es Duke Kahanamoku, de Hawái, el hombre que trajo la práctica del surf a los cuarenta y ocho estados, comenzando en Laguna Beach. Conocí al biógrafo de Duke en Oahu, y me firmó un ejemplar de un libro fabuloso que tenía a este icono olímpico en la portada. Aunque Duke era surfista, lo que él y su familia adoraban hacer era simplemente sentarse y contemplar el océano durante horas y horas, cautivados por su belleza. Además, tuvieron una vida larga. Así que, cada vez que me quedo absorto con la mirada perdida en la belleza, lo cuento como un aumento de mi esperanza de vida.

4. *La naturaleza nos ayuda a centrarnos.* El tiempo pasado en la naturaleza o simplemente contemplando escenas de la misma incrementa nuestra capacidad de atención. La naturaleza proporciona un descanso muy necesario para las mentes hiperactivas (¡como la mía!), renovándonos para nuevas tareas. Los estudios han mostrado que estar en el campo mejora la memoria y la capacidad de concentración en un veinte por ciento. (Tener plantas ornamentales en casa también ayuda en esas áreas).

Para los niños con TDAH o TDA es beneficioso pasar tiempo en el exterior y aprender en un entorno natural. Estar rodeados de naturaleza puede ayudarlos a involucrarse más en la clase, mejorando su focalización y concentración en la tarea que tienen entre manos. Los efectos calmantes de la belleza natural contribuyen a minimizar las distracciones que de otra manera ocuparían sus mentes.

5. *La naturaleza enciende sentimientos de conexión.* Según una serie de estudios de campo en el Human-Environment Research Lab, el tiempo pasado en la naturaleza nos conecta el uno con el otro y con el mundo en general. Otro estudio descubrió que los urbanitas que tenían árboles y zona verde alrededor de su edificio reportaron «conocer a más personas, tener sentimientos más fuertes de unidad con los vecinos, estar más preocupados por ayudar y apoyarse, y tener sentimientos de pertenencia más fuertes que los que vivían en edificios sin árboles».

Estas sensaciones de pertenencia se sumaban a otros impresionantes resultados cuantificables: menos crimen, niveles inferiores de violencia y de agresión entre las parejas, y una mejor capacidad de hacer frente al estrés. La exposición prolongada a la naturaleza aumenta la compasión entre las personas.

6. *La naturaleza fomenta el optimismo.* Debido al mayor número de horas que pasamos ante alguna clase de pantalla electrónica, estamos sufriendo de lo que algunos investigadores llaman «privación de naturaleza». Pasar menos tiempo en la naturaleza y más tiempo delante del televisor y la computadora produce índices más altos de depresión. De hecho, nuevos estudios están mostrando que el exceso de horas ante la pantalla puede volvernos desconfiados: demasiadas horas de pantallas se asocia a una pérdida de empatía y a una falta de altruismo. En un estudio de 2011 publicado en el *Journal of the American College of Cardiology* se vinculaba el tiempo pasado ante una pantalla con un mayor riesgo de muerte. (Y esto puede ser así incluso para personas que hacen ejercicio con regularidad).[6]

7. *La naturaleza nos activa.* Una investigación del *Journal of Environmental Psychology* mostró que salir a la naturaleza «hace que la gente se sienta más viva», y esta sensación de vitalidad apasionada se da más allá de los efectos de la actividad física y de la interacción social. De hecho, con solo veinte minutos en la naturaleza bastaba para aumentar sensiblemente los niveles de vitalidad.[7]

LA BELLEZA EN LAS ARTES CULTURALES

En la clásica película romántica *Hechizo de luna*, el personaje de Nicholas Cage, Ronny Cammareri, es un alma torturada, angustiada, que se enamora del personaje interpretado por Cher, Loretta. Ambos vienen de familias italianas grandes, tradicionales, que viven en Nueva York. Loretta también se siente intensamente atraída por Ronny, pero está comprometida con el hermano de este, el previsible, aburrido y a menudo desatento Johnny. Temerosa de los dictados de su corazón, ella decide cumplir con su deber y sigue con los planes de boda. A Ronny se le parte el corazón con la elección de Loretta de negar la llama de amor que arde entre ellos, pero le ruega una última cosa: le pide a Loretta que lo acompañe a una velada en la ópera.

Vestidos de punta en blanco, se encuentran en el Metropolitan Opera House y, aunque se viste impresionante con su vestido rojo de seda y sus tacones, Loretta ha decidido que la velada no sea más que algo platónico. Sin embargo, conforme se representa en el escenario la conmovedora y trágica ópera (*La Bohème* de Puccini), a medida que la orquesta va añadiendo intensidad y las magníficas voces ejecutan apasionados crescendos, la determinación de Loretta se deshace. Se ve transportada —por la belleza de la música y la historia— fuera de su dura coraza pragmática al reino de las posibilidades, en el que lo que realmente cuenta es el amor. Esa noche acaba en los brazos de Ronny, y termina admitiendo, ante sí misma y su familia, que, aunque no sea lógico, ella ama al hermano de su novio, pase lo que pase.

Tal es el poder de las artes para traspasar nuestras barreras mentales e infiltrarse en nuestros corazones. Cuando compartimos estos momentos trascendentes, llenos de arte, el uno con el otro, nuestros corazones se abren gracias a la belleza. Con frecuencia, el resultado es una conexión y una pasión más profundas.

LA BELLEZA DE LA MÚSICA

Uno de los desencadenantes más comunes para los sentimientos de pasión está en escuchar música romántica. La mayor parte de nosotros nos enamoramos con alguna música sonando de fondo.

¿Qué canciones te hacen, cuando las oyes, buscar la mano de tu cónyuge en recuerdo de cuando se enamoraron?

Misty y yo tuvimos nuestro primer encuentro bailando una versión de *Rock This Town* interpretada por la banda de John Townsend. Pronto, las canciones de los años cincuenta, con las que Misty creció, llenaron nuestro hogar: *Moonlight in Vermont*, *Chances Are*, *You Send Me*, *You Belong to Me* y *Someone to Watch Over Me*. Canciones que son fáciles al oído e idóneas para arrancarse espontáneamente con un baile lento. Bailamos de todo, pero quizás la canción que más me gusta bailar sea la suya, *Misty* (de hecho, me pongo «*misty*», se me empañan los ojos con solo imaginármela en mis brazos al son de esta música). Durante mi depresión, antes de conocer a mi esposa, viví carente de oído musical en más de un sentido. Ella trajo de vuelta la música a mi vida.

Gracias a nuestro amor por la música, ponemos música para suscitar sentimientos de amor, calma o pasión cuando vamos de viaje o hacemos una escapada a un hotel. Cuando salimos a comer juntos, a menudo escogemos un lugar donde haya música en vivo, y procuramos sentarnos lo más cerca posible, prefiriendo una mesa cerca de la barra junto al pianista antes que un reservado en el comedor. Hemos descubierto que los restaurantes de hotel de nuestra zona suelen ofrecer música en directo a sus clientes, así que nos hacemos clientes durante una hora o dos, escuchando, tomando aperitivos y bailando. ¿Nunca han creado recopilaciones el uno para el otro de sus canciones de amor favoritas? Si no, hagan una, quizás como sorpresa para una ocasión especial.

LA BELLEZA DEL ARTE Y LA CULTURA

¡Además de la música, Misty y yo amamos el arte y la cultura en todas sus formas! Aparte de visitar museos artísticos, también hemos llenado nuestro hogar de arte, la mayor parte del cual es creación nuestra, no adquisición (hablaremos más de esto en el capítulo siguiente). Nuestros amigos y familiares saben de mi amor por el arte, razón por la cual, en uno de mis grandes cumpleaños de fin de década me encontré en un bus alquilado rumbo al Museo de Arte Contemporáneo de Chicago. En ese momento no tenía ni idea de adónde nos llevaba el vehículo. La mañana de mi cumpleaños, Misty me dijo que me pusiera ropa cómoda, así que salí de casa con algo confortable puesto y me encontré con un autobús de alquiler para fiestas, real y palpable. No podía ver a nadie en su interior; todo lo que veía era ese inmenso vehículo negro del que salía música. Cuando entré, dentro me encontré a treinta de nuestros amigos, que se habían reunido allí para esta sorpresa especial de comida, bebidas, risas y un chofer que nos llevó hasta Chicago (unas tres horas de viaje), donde íbamos a pasar toda la tarde en el museo de arte. Solo tomé como un millar de fotos.

Cuando terminamos en el museo, fuimos al «Broadway de Chicago» y vimos el musical *West Side Story*, que fue especialmente divertido para mí, porque recordaba cuando mis hermanos y yo estábamos en la secundaria y bailamos nuestra versión de ese musical en nuestro pueblo.

Le pusieron un título a mi celebración de cumpleaños: «Día de todas las artes para los Arterburn», y difícilmente olvidaré a los buenos amigos y la espléndida comida, las deslumbrantes muestras de color, forma y creatividad. Todos juntos cantamos las mejores canciones de *West Side Story* durante el trayecto de regreso a casa.

En otro cumpleaños, salimos con todos nuestros amigos por una tarde de «vino y lienzos». Uno del grupo dijo que «eso de pintar cuadros» estaba muy bien para los demás, pero que él no estaba seguro de querer participar. Necesitó solo cinco minutos para que le picara el gusanillo del arte, y el cuadro que pintó esa noche sigue colgado en su casa. Nunca sabes qué clase de arte puede hacerte disfrutar hasta que dejas las cautelas a un lado y le das una oportunidad.

Decorar su hogar, tomando en consideración sus estilos y gustos juntos, es una manera de rodearse de la belleza que los haga estar felices y con buen ánimo, o tranquilos y en paz. Y no hay en su hogar ninguna estancia que merezca tanta atención como el dormitorio. Dado que los demás no ven el dormitorio principal, suele ser el cuarto menos cuidado de la casa. Pero un acto de amor, una inversión en su vida de pasión juntos, es crear su particular nido de amor y santuario de belleza en su dormitorio.

- *Un televisor.* Sé que muchos «consejeros del amor» dicen que no debes tener un televisor en el dormitorio, que es una excusa para evitar la intimidad. Pero a nosotros nos encanta ver películas como *Algo para recordar* o *El diario de Noa* para ponernos en tono romántico. Y nos acurrucamos en la cama mientras miramos algún programa de la tele. Para nosotros funciona, para otras parejas, no tanto.
- *La cama.* Tener buenas sábanas, cómodas, un gran colchón (los que tienen una cubierta gruesa de espuma son magníficos), una colcha o un edredón mullido y una frazada suave (cálida, si viven en un lugar frío) para las siestas convierten el dormitorio en un verdadero lugar de retiro.
- *El ambiente.* Piense cuidadosamente en la iluminación. Las lámparas con luz más tenue son maravillosas para que la iluminación de cabecera cree ambiente (y se ajuste a la luz que mejor les convenga) y para poder leer sin perturbar el sueño del cónyuge. Además, las lámparas que se pueden encender con un leve toque no hacen ruido, así que no despiertas a tu pareja al ponerla o quitarla. Las cortinas venecianas, finas y de color claro, permiten la suficiente luz como para tener un bello y sensual resplandor por la mañana.
- *Ventilador o aparato de ruido blanco.* Incluso en invierno, una manera de añadir ruido blanco al cuarto es poner en marcha un pequeño ventilador, apartado de la cama. Para muchos, no solo ayuda a dormir mejor, también añade otra capa de insonorización, que ayuda a crear el sentimiento de privacidad.

- *Música*. Asegúrense de tener un lector de cedés o un amplificador de iPod en su dormitorio o baño principal. La música instrumental suave es genial cuando estás en la tina, solo o en compañía. Es también una buena manera de pasar del ruido del día a un lugar más relajado, en el que puedan acurrucarse o darse un pequeño masaje o relajarse con una charla en la intimidad.

LA BELLEZA DE LA LITERATURA Y EL TEATRO

Las parejas que aman la lectura siempre tienen algo nuevo que compartir entre sí: una frase profunda, un verso divertido, una escena hermosa, una idea refrescante, una perspectiva espiritual… Leer es uno de los placeres tranquilos y cotidianos que compartimos Misty y yo, y que nos unen. ¡También nos encanta asistir a conciertos y partidos!

Uno de nuestros mejores recuerdos es el de asistir a un concierto al aire libre en Hollywood, con la cesta para el picnic a cuestas. Fue una de las últimas actuaciones de Pavarotti. Nos transportó a otro lugar, y el ambiente que inspiraba detuvo el tiempo, dando lugar a conversaciones para días. En páginas anteriores de este libro mencioné que estudié música, y que Misty es una cantante increíble, así que seguramente no te sorprenderá que nuestros hijos se hayan impregnado de ese amor por las artes y el escenario. El año pasado nos quedamos de piedra al mirar cómo nuestro hijo Solomon interpretaba el papel principal en *Aladdin*. Y nuestros dos chicos mayores nos hicieron derramar lágrimas al verlos cantar unos solos en distintas representaciones navideñas, de una manera que parecían ángeles. ¡Dios mío, amamos las artes!

Más allá de los libros, los conciertos y el teatro, nuestras vidas se han visto enriquecidas por artistas de toda clase. Últimamente, nuestra familia ha descubierto y ha empezado a disfrutar del humor limpio y desternillante de Brian Regan. Nos encantan sus divertidos videoclips, así que, cuando sacamos las entradas para verlo en persona, la familia al completo se amontonó en el auto con expresiones de risa, anticipando los chistes oportunos que Brian soltaría mientras se reía de la vida.

Ya sea ópera o *bluegrass*, un espectáculo de Broadway aclamado por la crítica o una representación escolar, un drama serio o una comedia desternillante, las artes enriquecen nuestra vida con belleza y pasión.

Un último apunte sobre disfrutar juntos del arte. A veces eso implica salir de nuestra zona de confort e involucrarnos en aquello que nuestra pareja considera hermoso. Nosotros vamos al ballet de ella y, aunque lo de ver hombres con mallas no nos apasiona, encontramos la forma de gozar de la experiencia, por ella. Nosotras vamos al rodeo de ellos y soportamos la «fragancia» a boñigas, el polvo y el ruido porque sus ojos brillan de emoción cuando el primer vaquero irrumpe en el ruedo montando un caballo salvaje. Vemos el arte a través de los ojos del otro y en ocasiones nos encontramos con algo bello que podemos amar y compartir entre nosotros. Ábrete a una amplia variedad de cosas hermosas a través de los ojos de tu pareja. Puede sorprenderte lo que descubrirás.

LA BELLEZA DE UNA MUJER

Toda tú eres hermosa, amada mía,
bella en todo sentido.

— CANTAR DE LOS CANTARES 4.7, NTV

Cada mujer necesita saber que ella es exquisita, exótica
y selecta. Es algo propio de su identidad, de la manera
en que porta la imagen de Dios. ¿Irás tras mí? ¿Te delei-
tas en mí? ¿Vas a luchar por mí?

— JOHN ELDREDGE, *THE RANSOMED HEART*

Amigos, vayan tras la belleza en su esposa como si se tratara de una preciada obra de arte, porque eso es lo que ella es. El dramaturgo francés Jean Anouilh dijo: «Las cosas son bellas si las amas». Una mujer que recibe amor y aprecio, no importa su edad, irradia una belleza segura. ¿Nunca has oído la canción *You Look So Good in Love* [Qué bien te ves enamorada]? Una mujer enamorada tiene un aura inconfundible que atrae al mundo entero. Misty, sin maquillaje, con la cabeza en mi almohada, con esa cara tan preciosa, me hace llorar a veces. Tras once años de matrimonio, todavía me deja sin aliento. Chicos, sus palabras y acciones tienen el poder de hacer que su esposa literalmente resplandezca de belleza, interior y exterior. Si la belleza está en el ojo del que mira, entonces, maridos, asegúrense de ser buenos observadores, vean a su esposa como Dios la ve: una creación magnífica, imponente.

No te contengas cuando broten de tu corazón pensamientos y palabras de admiración. Dile con frecuencia a tu esposa que es «la más bella de todas» en tu vida. Una mujer que se sabe valorada y escucha con regularidad que la aman se hace incluso más bella con el paso de los años. Y nada encenderá su pasión como que la valores como la única y exclusiva destinataria de tu más profundo deseo y afecto. Por otro lado, nada destrozará la autoestima de una mujer tan rápido como estar con un hombre al que se le van los ojos tras otras mujeres, haciéndole sentir que la encuentra menos atractiva que a las demás.

John y Stasi Eldredge han escrito ampliamente sobre el núcleo de la identidad de un hombre y de la identidad de una mujer en sus éxitos de ventas *Salvaje de corazón* y *Cautivante*. En pocas palabras, ellos sostienen que los hombres son más como jovencitos que están constantemente preguntándose: «¿Tengo lo que hay que tener?». Las mujeres, por su parte, son como muchachitas que están siempre preguntándose: «¿Soy bonita?».

Es el privilegio de una mujer contestar a la pregunta tácita de su marido afirmándole que él es capaz, haciéndole saber que ella respeta su capacidad de abrirse camino en la jungla de la vida, y animándolo mientras hace frente a las batallas diarias en el trabajo. El hombre tiene el honor de asegurar a su esposa que es preciosa, atractiva, hermosa a sus ojos, y que siempre será el tesoro más preciado de su corazón y sus sentimientos. Por supuesto, los papeles se invierten y coinciden a veces: el varón también quiere saber que su esposa lo encuentra atractivo, y le encanta oír que es guapo o tiene un buen físico; y las mujeres aprecian que su hombre les diga que «tienen lo que hay que tener» para cumplir un propósito. Pero creo que los Eldredge están principalmente acertados en su teoría de que el deseo de fondo de la mayoría de los varones es sentirse capaces de pelear las batallas, matar a los dragones y rescatar a su Bella, de una u otra manera. Y el deseo clave de una mujer es verse envuelta en un gran romance, acompañarlo como igual en una gran aventura y sentir que ella es la verdadera Bella, digna de que vayan tras ella para enamorarla.

Ningún ser humano puede satisfacer estas necesidades de fondo como el amor de Dios. Solamente él puede contestar a muchas de las preguntas que tenemos acerca de nuestro valor. Como dice John Eldredge: «Una mujer en todo su esplendor, una mujer de belleza, es una mujer que no compite por volverse bella o suficiente o respetable. Más bien sabe, en el tranquilo centro donde mora su Dios, que Él la encuentra preciosa, que la estima como algo valioso y, en Él, ella es suficiente». Una mujer tiene que saberse poseedora de belleza, la que le ha dado Cristo, quien la buscó y murió por ella. Un hombre debe creer que tiene lo que hace falta porque Cristo, en su interior, lo capacita y hace que ya sea acepto al Padre.

Pero un hombre y una mujer, en su relación, tienen el privilegio de servir de eco al corazón de Dios para su cónyuge mientras se dicen el uno al otro cada día esa verdad divina. Somos manifestaciones humanas del amor de Dios, ofreciéndonos aprobación y afecto humanos. Si esto es mutuo y lo hacemos bien, el matrimonio es una apasionante fuerza sanadora. Si no lo hacemos bien, no hay palabras para describir el dolor que resulta de una pareja que no deja de criticarte o no te hace caso.

He observado que los maridos americanos, demasiado a menudo, no consiguen que su esposa se sienta hermosa. Hay una razón por la que las solteras de Estados Unidos y de Inglaterra viajan en tropel al Mediterráneo cuando necesitan una dosis de autoestima. Hemos visto en un capítulo anterior que mujeres de todas las edades y tallas parecen sentirse admiradas y más bellas en España que en suelo occidental. ¿Por qué es así? ¿Y qué podemos aprender de nuestros hermanos mediterráneos acerca de cómo hacer que nuestra mujer se sienta impresionante? A continuación presento algunas ideas.

Ocho maneras de hacer, al estilo mediterráneo, que tu esposa se sienta bella

1. *Dile directamente que es hermosa: ¡díselo a menudo, con entusiasmo poético!* Los hombres del Mediterráneo no son tímidos a la hora de dirigir cumplidos a las mujeres. Abren sus corazones y dejan fluir los elogios. «¡Qué guapa eres!», «¿Tienes planes para los próximos cien años?», «Tus ojos me deslumbran como el sol». O, qué me dices de la frase que le dedica el joven amante italiano a la recién divorciada de mediana edad en *Bajo el sol de la Toscana*: «Voy a hacerte el amor en cada centímetro de tu cuerpo». Puedes pensar como un semental italiano, ¡pero única y exclusivamente con tu esposa!

2. *Utiliza tus gestos y expresiones para transmitir aprobación.* Una mirada, una palabra, una palmadita, una ceja levantada, una sonrisa cómplice, un guiño. Sé generoso con los contactos leves, afectuosos, no sexuales, pues así satisfaces su necesidad de sentirse percibida y amada, y le comunicas que no está ahí solo para satisfacer tus necesidades sexuales.

3. *Aprecia toda clase de belleza.* Los hombres del Mediterráneo tienden a pensar que las mujeres en conjunto, en toda su variedad, son hermosas. Les encantan las mujeres de cualquier edad, talla y forma. Más de una mujer de mediana edad que se sentía invisible en su país ha vuelto de Italia, Grecia o España sintiéndose más atractiva, más joven y hermosa.

   Una señora inglesa, que se describía a sí misma como corriente e inadvertida en su país de origen, contó la historia de cómo, después de pasar un tiempo en Italia, la llevó al aeropuerto un conquistador italiano. Ella compartió en un blog: «Bueno, si digo que estaba cegada y hechizada me quedo corta. Para cuando llegamos a Fiumicino, él habría podido decirme: "Vacía tu cartera y dame todas tus tarjetas de crédito", y yo se las hubiera dado tan feliz.

   »Puede sonar un poco tonto, pero volví a casa siendo otra. Perdí cuatro kilos y encontré a la mujer atractiva que estaba enterrada e inerte bajo mi capa de clienta de supermercado/maestra/hija/ pagadora de facturas/madre soltera. Es de locos, pero, durante esas dos horas de viaje en taxi, ese joven italiano (quince años más joven que yo) me quitó mi "capa de invisibilidad", por lo cual le estoy muy agradecida».

Imagina cuánto poder tienes, como esposo, para ayudar a tu esposa a sentirse atractiva, joven y bella con las palabras que le regales, o con un beso apasionado por sorpresa, sin venir a cuento. A la mayoría de varones estadounidenses no nos vendría mal aprender del arte de la seducción de nuestros hermanos mediterráneos. Desde luego, a diferencia de algunos italianos, esta habilidad tendrás que mantenerla dirigida únicamente a una mujer, para toda la vida.

4. *Escucha con atención, pon tu mirada en ella, elogia sus ideas, talentos, sabiduría y creatividad.* Los mediterráneos tienden a conversar con las mujeres sobre ideas, filosofía, cuestiones profundas y cultura. Disfrutan al oír los pensamientos más profundos de una mujer y aprecian sus opiniones sinceras. Centran toda su atención en ellas. Es decir, las hacen sentirse bellas por dentro.

5. *Hazle saber que amas su corazón compasivo, intuitivo.* Los varones mediterráneos llevan sus emociones a flor de piel y valoran las emociones de una mujer: lágrimas de compasión, expresiones de gozo, ternura hacia los niños, los ancianos o los animales, todas las perciben y aprecian. Los occidentales podemos hacer a las mujeres sentirse débiles cuando sienten y expresan una profunda emoción. Acepta y valora los dones de intuición y respuestas emocionales a la vida que tiene tu esposa. Dios la hizo así por una razón: la necesitas para equilibrar y enriquecer tu vida.

6. *Déjala entrar en tu corazón y tu mente.* Hay pocas cosas que cautiven a una mujer tanto como un hombre que es abierto, sincero y vulnerable con respecto a sus pensamientos y sensaciones. Adelante, deja expuesto tu corazón con tu esposa cuando sientes que ella te está pidiendo que compartas a un nivel más profundo.

7. *Sé un caballero.* Los hombres del Mediterráneo tienden a ser muy galantes, sobre todo al competir por la atención de una mujer. Ábrele la puerta. Ofrécete a cargar la compra y los paquetes pesados. Pregunta cómo puedes ayudarla. Guíala por entre la multitud con tu mano en su espalda. Emplea buenos modales con ella, muestra aprecio por lo que hace y trátala como la reina de tu corazón, tanto en casa como cuando se encuentran afuera en público.

8. *Disfruten aventuras juntos.* Planeen y disfruten algunas aventuras como pareja, ya sea yendo a bucear, recorriendo un circuito de montaña, aprendiendo a ir en kayak, tomando una lección de cocina, o asistiendo a una función de Broadway. Cuando experimentan algo nuevo el uno con el otro, no solo forman un vínculo, también es emocionante. Así honras a tu esposa y le haces saber cuánto disfrutas teniéndola como compañera y pareja en la exploración de nuestro precioso mundo.

Una pareja sabia que quiere mantenerse apasionadamente enamorada por toda una vida valorará de manera proactiva y con frecuencia la belleza que los rodea, ya sea la de la naturaleza, la música, el arte o en el rostro del otro. Una de las huéspedes de San Salvatore, en el libro *Un abril encantado*, dijo: «La belleza te hacía amar y el amor te hacía hermosa». De hecho, esto es lo divertido de la belleza. Nos inspira a sentimientos de amor más grandes, compasivos y generosos. Y, cuando dejamos que el amor florezca y se expanda en nuestros corazones, nos volvemos más bellos. Uno alimenta al otro en un círculo sin fin de pasión.

Trece maneras de dar la bienvenida a la belleza en su vida y su amor

1. Salgan a pasear por un lugar nuevo y hermoso, quizás un jardín botánico o en torno a un lago de una parte de la ciudad que no conozcan bien.

2. Pongan música romántica mientras cocinan y cenan, o en el auto durante sus viajes. Llévense discos y reproductores en sus salidas a hoteles. Encuentren la manera de llevar la música a su baño y dormitorio principales.

3. Compren entradas para una buena función de teatro, espectáculo, ballet u ópera. Puede ser una sorpresa. Deben estar dispuestos a intentar algo fuera de su zona de comodidad, especialmente si es algo que le gusta a su cónyuge.

4. Vayan juntos a un museo de arte, a un acuario, a un museo de historia, o a uno de la naturaleza.

5. Vayan a cenar a alguna parte que no solo se conozca por su comida, sino también por tener música en directo o unas vistas magníficas, o ambas. Disfruten de una tarde sin prisas, y prepárense para esa cita pensando en temas que comentar o preguntas que hacer que les permitan mantener conversaciones sobre temas profundos, o nuevos sueños o ideas.

6. Den a su dormitorio un cambio de imagen romántico. Hablen de qué elementos serían los más agradables a la vista y a la sensualidad para los dos, ¡e ideen un plan para mejorar su nido de amor!

7. Anoten veinte cosas hermosas que admiren en su cónyuge. Intercámbienselas en una tarjeta o compártanlas de una en una en el momento que juzguen idóneo.

8. Busquen un poema, una canción o una obra de arte que les recuerde la belleza que su cónyuge trae a su vida, y compártanla entre ustedes en un correo electrónico, una tarjeta o un mensaje de texto.

9. En una noche de cita, hagan juntos una lista de sus canciones de amor preferidas, esas canciones que les recuerdan momentos especiales en compañía. Hagan una lista para cada uno, para llevarla en el auto.

10. Asistan juntos a un espectáculo artístico, a una feria de artesanía, o a un mercado de antigüedades. Dense un presupuesto cada uno y compren algo que les guste por su belleza, para ponerlo en casa o llevarlo puesto (o junten el dinero y compren algo más grande).

11. Planeen una salida al campo, deteniéndose a comer en un restaurante pintoresco o haciendo picnic por el camino.

12. Acérquense a un paisaje acuático. Vayan al mar, a un río, junto a un lago y pasen el día allí. Pueden hacer esquí, pescar, hacer *snorkel*, bucear, nadar o salir en una lancha alquilada, en barca o con motos de agua. O simplemente saquen dos hamacas con aperitivos y bebidas frías, un par de libros que hojear y disfruten de las vistas.

13. Sueñen despiertos y comiencen a planear un viaje para ver algo hermoso que siempre anhelaron contemplar: la aurora boreal, el David de Miguel Ángel, un viñedo en la Toscana, Stonehenge, las islas de Hawái o del Caribe.

CAPÍTULO 6

EL SECRETO
DE LA CREATIVIDAD

*He amado hasta el punto de la locura; eso que llamamos
locura, que, para mí, es la única manera sensata de amar.*

—FRANÇOISE SAGAN

*Un paseo por París nos dará lecciones de historia, de
belleza y sobre lo que es la vida.*

—THOMAS JEFFERSON

◆

Picasso, Vincent van Gogh, Monet, Salvador Dalí.
Charles Dickens, F. Scott Fitzgerald, Ernest Hemingway, Gertrude
Stein.

Chopin, Stravinsky, Josephine Baker, Cole Porter, George Gershwin.

Julia Childs, James Beard.

Christian Dior, Coco Chanel.

Isadora Duncan.

¿Qué tienen estos nombres en común? Todas estas personas son
artistas —pintores, escritores, cocineros, compositores y cantantes,
bailarines y diseñadores de moda, de todas partes del mundo— que
encontraron una libertad excitante, junto con un entorno cultural y

social de gran riqueza para la creatividad en la *Ville Lumière*, la Ciudad de la Luz: París.

El bloguero y escritor Bryan Hutchinson expresó el efecto de París en el alma creativa: «Cuando ando por las calles de París siento como si el lugar fuera de otro mundo, que Dios hizo este lugar único donde la inspiración artística y la energía creativa se unen para dar lugar a lo divino».

Las herramientas artísticas pueden variar. Podrían ser un pincel o un bolígrafo, un cincel o zapatillas de ballet, una cámara o un cuchillo de chef, un instrumento musical o una voz de ópera. Pero nadie puede negar que París tiene una reputación de siglos para hacer salir a las musas que pocas otras ciudades poseen.

UNA FIESTA QUE NOS SIGUE

Si tienes la suerte de haber vivido en París cuando joven, luego París te acompañará, vayas adonde vayas, todo el resto de tu vida, ya que París es una fiesta que nos sigue.

— ERNEST HEMINGWAY

Si no has visto la película de Woody Allen *Moonlight in Paris*, bueno, deberías verla. Alquílala sin más tardar. Esta encantadora y romántica película viaja en el tiempo para ofrecernos una ojeada a muchos de los peculiares y apasionados artistas de la Generación Perdida que poblaron París en el periodo de entreguerras para mezclarse con otros artistas, encontrar inspiración, crear obras maestras y vivir en precario. El cambio de divisas favorecía a los estadounidenses en los años veinte, lo que contribuyó a que pudieran vivir con los escasos e intermitentes ingresos de un artista. Además, en París no estaba la Ley Seca, y no es ningún secreto que muchos de ellos eran aficionados a la bebida.

La película muestra que, más allá de producir novelas, cuadros y partituras, estos artistas residentes también se enamoraban y desenamoraban con gran regularidad y pasión abundante.

Ernest Hemingway escribió sobre los años mágicos, bohemios y creativos que sirvieron de telón de fondo para *Moonlight in Paris* en su libro de memorias *París era una fiesta*. En un fragmento, el escritor nos cuenta que se sentó en un pintoresco café parisino en un día frío y lluvioso para trabajar en una novela. Comenzó a sorber su café con leche, pero pronto pasó a un vaso de ron (en sus memorias, Hemingway nunca tardaba mucho en saltar al vaso de ron, normalmente después del café matutino). Poco después, se quedó observando a una atractiva joven de cabello negro sentada junto a la ventana.

«La miré y me turbó y me puso muy caliente», escribe. Quiso entablar algún tipo de conversación con la joven, pero pudo ver que ella estaba esperando a alguien. En un momento dado levantó la mirada del trabajo y, movido una vez más por el rostro y la silueta de ella, escribió una de sus líneas más famosas: «"Te he visto, monada, y ya eres mía, por más que esperes a quien quieras y aunque nunca vuelva a verte", pensé. "Eres mía y todo París es mío y yo soy de este cuaderno y de este lápiz"».

Después de esta declaración, Hemingway se puso «otra vez a escribir, y me metí tan adentro en el cuento que allí me perdí».[1]

Me fascina observar cómo, en este ejemplo, el acto de la escritura en un pequeño café junto con la presencia de una joven bonita dio lugar a un breve fantaseo romántico. Y cómo la imaginación romántica del autor, a su vez, lo inspiró para un trabajo más creativo, para ir más adentro en el cuento que estaba escribiendo.

De hecho, el arte y el amor van a menudo juntos, como el café con leche y el cruasán. Un sorbo de café te convoca a un bocado de cruasán. Un bocado de cruasán te pide un sorbo de café. Y así es con la escritura y el romanticismo, con el arte y el amor.

Creo que la energía creativa es la gran ignorada, y un secreto poderoso para despertar la pasión y el romanticismo entre un hombre y una mujer. Con frecuencia, la sensualidad aparece cuando dos personas están en el área creativa, compartiendo los momentos culminantes de la energía artística. Probablemente esta sea la razón de que sean tan habituales las aventuras amorosas en el trabajo (empleados que se enamoran mientras colaboran en un proyecto apasionante) y entre artistas (el director de coro que se escapa con la organista).

¿Por qué no aprovechar la energía pasional que conlleva el arte creativo de cualquier clase, para administrarla de una manera proactiva y dirigida, como un afrodisíaco, a nuestra apreciada relación monógama? ¿Por qué dejar este secreto de la sensualidad solo a los amantes mediterráneos, cuando tenemos acceso a su poder para darle más vida a nuestro matrimonio?

FLUJO CREATIVO, JUNTOS

Cuando Hemingway dice que se introdujo en la historia y se perdió en ella, describe lo que el psicólogo húngaro Mihaly Csikszentmihalyi (pronunciado «mijái chix-zent-mijái») llama «el estado de fluir».

Hay pocas cosas en vida, según cree Csikszentmihalyi, tan agradables y satisfactorias como entrar en «el fluir» o «la zona», o lo que el psicólogo Abraham Maslow llamó «experiencia cumbre».

Al contrario de lo que los estadounidenses solemos pensar, la relajación pura, la calma total, no nos hace en realidad más felices que encontrarnos en el estado de fluir, el cual requiere un esfuerzo concentrado. Csikszentmihalyi escribe que «los mejores momentos de nuestra vida no son momentos pasivos, receptivos o relajados (aunque tales experiencias también pueden ser placenteras si hemos trabajado duramente para conseguirlas). Los mejores momentos suelen suceder cuando el cuerpo o la mente de una persona han llegado hasta su límite en un esfuerzo voluntario para conseguir algo difícil y que valiera la pena».[2]

Él da algunas comparaciones para entender qué es este fluir en la vida cotidiana. Podría ser como un niño orgulloso y emocionado al culminar una torre de piezas, la más alta que ha construido nunca, o como un nadador que acaba de batir su propio récord, o un músico que consigue dominar un pasaje musical difícil. «Para cada persona —escribe— existen miles de oportunidades, desafíos para crecer».

Hubo un momento doloroso en que me encontré en ese estado de fluir. A uno de mis hermanos le diagnosticaron sida. Eso fue a finales de los ochenta. Trágicamente, la enfermedad era tan virulenta que quienes la contraían no tenían pronóstico de vivir mucho más. Mi hermano

Jerry llevó una vida problemática, confusa, complicada, engañosa. De alguna manera consiguió que yo no conociera su secreto hasta que tuve veintiséis años. Un hijo de un pastor abusó de él cuando era joven y nunca se lo contó a mis padres. Ahora pesaba cuarenta kilos y trataba de encontrar la manera de decirle a mamá y papá que era gay y se estaba muriendo. Sintió que tenía una historia que contar que serviría para evitar que otras personas sufrieran abusos deshonestos y sus efectos.

Debo admitir que fue una terrible tragedia que no vi venir. No en nuestra familia de bautistas del Sur. Y desde luego no a Jerry. Él era arquitecto, y su vida parecía asentada sobre tan buenos planos como los de un rascacielos. Él y yo habíamos juntado nuestro dinero para comprar una barca que nos encantaba en el lago Conroe, cerca de nuestra ciudad natal en Tejas. Más adelante, aunamos esfuerzos para comprar un barco para navegación oceánica en Newport Beach, California. ¡Todos esos grandes recuerdos se perdían con mi hermano! Era un tipo con clase, guapo como una estrella de cine.

En medio de lo peor de su miseria y su torbellino emocional, me pidió que escribiera su historia en un libro, que más tarde sería publicado con el título *How Will I Tell My Mother?* [¿Cómo se lo cuento a mi madre?]. Espoleado por el amor a mi hermano, por el escaso tiempo para poder honrar sus deseos, escribí, como decimos en Tejas, como si ardiera la casa. Frase tras frase derramé mi corazón; las páginas fluían como un río de mi impresora. Cuando terminé, junté las hojas y fui con mi hermano a leérselas en voz alta mientras él yacía en su lecho. El libro fue un auténtico reflejo de mi hermano: creativo, lleno de vida y humor, tristeza y confusión, hambre de significado y amor por Dios. Lloró mientras yo le leía su vida, y hubo momentos en los que tuve que detenerme para deshacer el nudo que se me formaba en la garganta. Le encantó. Y a mí que le encantara. No puedo expresar cuánto significó para mí que Dios me permitiera usar mis dones de escuchar, captar historias en mi mente y contarlas de nuevo en el papel para traer consuelo y alegría a mi hermano en sus últimas horas en este mundo.

Nunca sabes cuándo o cómo puede Dios usar tus talentos creativos para bendecir a alguien de maneras que jamás imaginarías. Creo que una manera en que el Espíritu Santo nos dirige es poniéndonos en ese estado de fluir. Seguro que muchos de ustedes, al leer esto, recuerdan un momento en que estaban trabajando en un proyecto creativo que tenía un significado, valor o propósito para ustedes. El tiempo dejó de existir; te sentiste a su merced, como si fueras un canal de la creatividad de Dios, permitiendo a su Espíritu fluir a través de ti. Como si el Creador del universo quisiera que tú también conocieras el gozo de crear. ¿Cómo sabes si te encuentras en el estado de fluir? Te encuentras totalmente inmerso en lo que estás haciendo y el tiempo parece volar. Te sientes en plena lucidez: sabes lo que necesitas para terminar la tarea y crees que tienes las destrezas necesarias para llevarla a cabo. No te cohíbes, y las preocupaciones se alejan gracias a que estás bien concentrado y disfrutas con lo que haces.

La mayoría de nosotros podemos recordar las épocas en que, individualmente, hemos entrado en el estado de flujo creativo. Pero ¿nunca han experimentado tu pareja y tú que estaban trabajando *juntos* en algo creativo y se han encontrado en una situación en la que todo parecía un flujo continuo, como si no necesitasen las palabras porque el otro sencillamente captaba lo que estabas haciendo, casi como si te leyera el pensamiento? ¿No se han encontrado en esa situación en la que el tiempo parece desaparecer por tan concentrados como se encuentran en lo que están creando? La sensación de gozo repleto de energía que desprenden esos momentos puede ser profundamente romántica y vinculante.

Pueden experimentar el estado de fluir como pareja trabajando en una actividad compartida (luego indicaremos más ideas prácticas sobre esto) o estando juntos al aire libre o en un cuarto, inmersos en algo que ambos aman hacer. ¡Cuánto más creativo, mejor!

Tengo unos amigos, feliz y apasionadamente casados, en la industria de la escritura profesional. Trabajan a veces en los mismos proyectos de libro, en sus baterías de ideas, esquemas o títulos, con ideas que saltan entre ellos como palomitas de maíz. «En esos momentos trabajamos juntos como una máquina bien engrasada, sumidos en nuestra propia burbuja creativa», compartía la esposa.

Su marido estaba de acuerdo: «Es un subidón natural, sin duda. Y saltan a menudo chispas de atracción por todas partes cuando estamos en esa situación. Cuanto más creativos nos ponemos, conforme se va desarrollando el proceso, más inclinados estamos a la seducción. Así mis días de trabajo parecen mucho más días de diversión».

Sin embargo, la mayor parte del tiempo, esta pareja literaria escribe en los ordenadores portátiles, juntos en el mismo cuarto, pero sin hablar. Aun así, experimentan una especie de «fluir callado, feliz, conectado» entre ellos, incluso cuando trabajan cada uno en su proyecto.

Misty y yo hemos alcanzado ese punto, sobre todo ahora. La escritura de este libro, que es un proyecto que llevamos en el corazón, ha abierto nuevas capas de pasión. Aunamos esfuerzos, inmersos en un fluir unánime. Las cosas que normalmente nos irritarían no parecen molestarnos mientras estamos concentrados en escribir un libro que esperamos que ayudará a otras parejas a atrapar el fuego de la pasión. Hemos reído y llorado mientras recordábamos momentos de nuestro matrimonio y hemos buscado los secretos que nos llevaron de la frustración a la pasión. Este proyecto creativo tan lleno de significado nos ha acercado más de lo que habríamos soñado en nuestra primera batería de ideas para idearlo. Creo que parte de la razón es que hemos sido capaces de usar nuestros dones individuales de escritura como equipo, en tándem, de maneras hasta entonces desconocidas. Como resultado, estamos experimentando juntos un fluir creativo. Y, definitivamente, ha incrementado el factor pasión en nuestro día a día. Ha habido mucha conexión íntima, divertida, entre las líneas que acabaron plasmándose en este libro.

Este resultado en nuestro caso nos ha hecho pensar que todas las parejas podrían marcarse alguna vez el divertido proyecto de escribir su historia de amor juntos. Hablen de ello y escriban los puntos culminantes de su romance personal y único: los momentos de su relación en que experimentaron un resurgir del amor y la pasión que no quisieran olvidar jamás. Tal vez se sorprendan, como nosotros, reviviendo los hitos del amor en un recorrido por el sendero de los recuerdos, sintiendo emociones que surgen e irrumpen en el presente, y los embargan de nuevo.

Si tu cónyuge y tú están trabajando codo con codo en un proyecto creativo compartido o colaborando estrechamente en esfuerzos distintos que los llevan a un estado de fluir, la experiencia de perderse en el tiempo juntos puede ser algo que los una, algo estimulante e inspirador de pasión.

ESTRECHAR LAZOS POR MEDIO DE ACTIVIDADES DE AUTOEXPANSIÓN

Reconozcámoslo: el aburrimiento es el enemigo de la pasión. Pero la vida juntos, especialmente cuando se está levantando una familia, exige mucha rutina, rituales y estabilidad. ¿Qué podemos hacer?

Comienza sencillamente tomando conciencia de que para mantener viva la pasión hay que dedicar, de una manera proactiva y con propósito, tiempo para lo que algunos psicólogos llaman actividades de «autoexpansión». Las investigaciones sugieren que las parejas que se sienten más intensamente enamoradas son aquellas que no solo tienen una fuerte química física y una atracción emocional, sino que también participan con regularidad en nuevas actividades juntos. Si estas actividades involucran incluso un pequeño riesgo o desafío, mucho mejor. Porque, cuando alcanzan un reto como pareja o intentan algo nuevo (tan sencillo como ir a un restaurante en el que nunca han estado antes), han aumentado su sentimiento de conquistar un nuevo territorio juntos, y esto provoca una recarga de romanticismo.

«Las actividades novedosas y excitantes son, pues eso, excitantes, y las personas pueden interpretarlas como atracción a su pareja, reavivando la chispa inicial», escribe la psicóloga e investigadora social Amie Gordon.[3]

El psicólogo e investigador de las relaciones Arthur Aron colaboró en 2012 en un estudio para descubrir por qué algunas parejas se mantenían intensamente apasionadas después de muchos años de matrimonio.[4] Los investigadores descubrieron que las parejas cuyos miembros sienten recíprocamente la pasión experimentan regularmente una dosis importante de dopamina, un neurotransmisor que nos hace sentir un placer vigoroso. En la pareja, una importante manera de activar recíprocamente la liberación de dopamina es pasando tiempo juntos en actividades nuevas y desafiantes. Los estudios descubrieron que esto se aplicaba especialmente a los varones activos, que tienden a crear lazos más intensos haciendo kayak juntos que con una larga conversación «sobre la relación» en el té de media tarde.

Según la investigación de Aron, lo novedoso es un ingrediente dominante en una relación duradera apasionada. Esto no significa que abandonen sus rituales de diversión juntos preferidos, pero les interesa hacer un esfuerzo para incorporar algunas actividades nuevas y distintas. Puede ser cualquier cosa, desde un cursillo de pintura o de cocina en pareja a pasear por un barrio nuevo o aventuras más arriesgadas, como la caída libre o la escalada. Depende de la personalidad y de las preferencias de la pareja. Simplemente escojan algo que no han hecho juntos antes (o recientemente) y que a ambos les guste probar (o experimentar de nuevo).

Aunque las actividades nuevas y desafiantes producen la dopamina que crea los sentimientos de excitación y de pasión, simplemente pasando tiempo juntos en cualquier proyecto creativo —acondicionando el sótano o cuidando el jardín— también une mucho a las parejas, poniendo en marcha otros neurotransmisores placenteros, como la serotonina y la oxitocina. ¡A ponerse las pilas! Disfruten de las actividades familiares creativas juntos, pero anímense de vez en cuando a probar una actividad que nunca antes hayan realizado.

Tal como mencionamos anteriormente, para muchos varones la mejor manera de sentirse más cerca de su cónyuge es por medio de trabajar juntos en un proyecto o tarea. Esta es una razón por la que animo a las mujeres a combinar su necesidad de comunicación con alguna clase de actividad física, especialmente si su marido no se encuentra cómodo estando sentado y quieto. Charla con tu esposo cuando está puliendo el auto, o dense un paseo y hablen mientras caminan. Descubrirás que muchos hombres, especialmente los que tienen tendencias al TDAH, se concentran más y te escuchan mejor si pueden a la vez caminar, remar, pescar o arreglar algo (cualquier actividad repetitiva que mantenga su cuerpo en movimiento para que su mente pueda concentrarse mejor).

FABRICA TU PROPIA LUZ

Es ineludible: en algún momento, cada miembro de una relación tiene que asumir la responsabilidad de ser personas más felices y apasionadas. Un estudio de la Stony Brook University en 2012 descubrió que los «individuos que muestran entusiasmo toda la vida» tenían más probabilidades de gozar de una relación romántica sana y duradera.[5]

«Las personas que abordan la vida cotidiana con ánimo y una emoción fuerte parecen conservar estos sentimientos intensos también en su vida amorosa» escribió Susan Krauss Whitbourne en *Psychology Today*. «Si quieres que tu relación tenga pasión, pon en marcha esa energía emocional en tus aficiones e intereses, e incluso en tus actividades políticas».[6]

Aunque todas las parejas necesitan compromiso, seguridad y estabilidad, si esto es todo lo que un matrimonio tiene en su haber, el resultado puede comenzar a parecerse a la necesidad, la dispensación de cuidados o el aburrimiento. No son precisamente las cosas más atractivas.

Sin embargo, cuando tu pareja tiene ocasión de observarte haciendo algo que te apasiona, algo que exige cierto coraje, algo en lo que brillan tus talentos, eso le permite un breve cambio de perspectiva. Cuando descubrimos algún nuevo talento o habilidad en nuestra pareja, suelen aumentar los sentimientos de sorpresa, pasión y deseo.

Dice el refrán que de tal palo tal astilla, así que, conociendo a su padre, no fue ninguna sorpresa para mí descubrir que Misty tiene una gran voz. Pero solo la había escuchado cantar un poquito aquí y un poquito allá. Imagínate mi sorpresa cuando la oí cantar su primer solo en la iglesia y me di cuenta: «Oh, Dios mío. Mi esposa podría haber sido una cantante profesional». Cantaba en un estilo que yo nunca había oído antes, y casi tampoco después: un poco de góspel sureño, algo de *country* contemporáneo y un toque del estilo propio de Misty.

Una vez le hice una foto cantando, y todavía me conmueve cuando la miro. Tenía los ojos cerrados y la boca abierta, mientras pronunciaba esplendorosas palabras de alabanza. Y no aparece sola en la imagen, porque nuestra hija Amelia Pearl Arterburn, aún no nacida, estaba acurrucada en la barriga de Misty. Sinceramente, no sé cómo fui capaz de tomar esa foto en un momento así, porque me encontraba tan rebosante de gozo, tan agradecido por el milagro de una esposa preciosa y el inminente nacimiento de mi hija, tan conmovido por la voz de Misty alabando al Dador de estos dones indescriptibles, que estaba hecho un mar de lágrimas.

No te vuelvas apático ni te embotes. Mantén vivo tu espíritu creativo y curioso animándote a probar nuevas aventuras o adquirir nuevas habilidades. No hay nada más atractivo para el sexo opuesto que una persona feliz y enamorada de la vida, interesada en descubrir ideas nuevas, aprender más cosas y probar actividades distintas. Así que toma las riendas de tu pasión por la vida, de tu *joie de vivre*.

Después de que nuestro hijo Solomon naciera, en 2006, y comenzara a dar sus primeros pasos y a hablar, me ocurrió algo de lo más extraño. Tomé mis lápices de colores y comencé a dibujar. Solomon, como preescolar que era, respondió a mis dibujos como si yo fuera su Van Gogh personal. De ese modo inicié una tradición de elaborar cuadros divertidos y letras artísticas con lápices de colores en mis viajes, para que mi familia supiera que pensaba en ellos. Elmo y Mickey Mouse estuvieron entre los personajes de mis primeros y muy elogiados retratos.

Poco sabía entonces que algún día los diarios artísticos, el dibujo de oraciones y los libros de colorear para adultos se pondrían tan de moda. ¡Yo ya dibujaba y coloreaba mucho antes de eso! Yo hacía garabatos antes de que los garabatos fueran lo más *cool*.

Un día estaba haciendo un programa radiofónico con la doctora Sheri Keffer, una terapeuta de NewLife. Mientras hablábamos en antena, yo garabateaba. Había tomado el nombre de mi hija, Amelia Pearl, y creé un monograma con sus iniciales, una especie de estilo mezcla entre *Frozen*, *Cenicienta* y *Peppa Pig*. La doctora Keffer me preguntó si nadie me había reprochado, durante un sermón, una clase (o un programa de radio), que no les prestara atención al verme dibujando. «Continuamente —le dije—. Pero no puedo estar quieto y concentrado a menos que tenga las manos ocupadas». Ella me dijo: «Steve, a las personas con TDAH, dibujar o hacer garabatos las ayuda a escuchar mejor y a estar atentas sin perder el hilo. Cuando dibujas, es una manera de pulsar el botón "On" en tu cerebro. Así estás más atento y más concentrado en el tema en cuestión».

¿Recuerdas que yo solía llamar Papá Art, un diminutivo de Arterburn, a mi abuelo paterno? Con el paso de los años, Misty ha comenzado a llamarme Art. Desde el garaje, cuando sale para el súper, me llama: «¡Oye, Art! ¿Nos queda pan?». No imaginas cuánto me gusta eso. Me ha llegado tarde en la vida, pero, como me suena a «artista», me encanta pensar en mí en esos términos. Después de oír la explicación de la doctora Keffer descubrí que yo mismo soy mi propio terapeuta de arte. El diminutivo cariñoso con que Misty me llama, conectándome con mi abuelo y reafirmando al artista que ve en mí, me conmueve en el alma íntimamente, de una manera difícil de describir. Solo puedo decir que estoy agradecido.

Ahora que están de moda los garabatos y los lápices de colores para los adultos, miles de tipos con creatividad intuitiva, o los que tenemos TDAH, recibimos de repente elogios por nuestra creatividad y estilo artístico. Ojalá hubiera sido igual en mi infancia. Estoy feliz de que tantos adultos estén descubriendo que dibujar, garabatear, colorear y pintar relajan la mente. Es lo que los psiquiatras llaman una «actividad para la concentración», y aporta un descanso muy necesario a la amígdala, la parte del cerebro relacionada con la ansiedad y el temor.

No hace mucho, Misty vino y me dijo: «Steve, tengo una idea». Como me encantan las ideas nuevas, yo era todo oídos. Ella tenía unas amigas muy allegadas que habían atravesado algunos tipos de trauma importantes, y al trabajar juntas los doce pasos, y asistir a reuniones de recuperación, estas mujeres habían llegado a la otra orilla más fuertes, más plenas y auténticas. Misty quería poner en marcha un sitio web y una página de Facebook llamada Recovery Girls para motivar a las mujeres —afectadas por una amplia variedad de cuestiones— a dedicarse a su recuperación y experimentar liberación.

Le dije que era brillante. ¡Una idea fabulosa! Sus ojos se encendieron de entusiasmo, y fue muy divertido ver cómo se desintegraba su rutina habitual al dedicar horas, impulsada por nuevas ideas que brotaban e inmersa en un estado de fluir, para invertir horas en la creación de un sitio web, la realización de videos, fotografías, consultas y reuniones. La pasión que había tras este frenesí de actividad era el profundo deseo de Misty de traer esperanza a mujeres que estaban luchando y necesitaban un toque de fuerza y un poco de dirección por parte de hermanas que entendieran sus batallas diarias.

¿En qué me beneficiaba a mí? ¡No hay mayor alegría que ver cómo se eleva mi esposa! Cuando ella es feliz, cuando está haciendo aquello para lo que se siente llamada y dotada, me enamoro de nuevos aspectos de ella que hasta entonces no había descubierto.

Dos personas enamoradas de la vida y entre sí están unidas en el disfrute de una larga y apasionada relación. Así que deja que fluyan estos jugos creativos, mantén el contacto con tu artista interior, ¡y diviértete! Luego da un paso más y pregúntale a Dios cómo puede usar tus talentos creativos para bendecir a alguien más de una manera significativa. Ya sea que sirvan juntos en algún ministerio o se animen y apoyen el uno al otro, no hay nada como la pasión que fluye de ser un canal de bendición para el mundo

Trece maneras de ser creativo con la persona amada

1. Salgan juntos a visitar una ciudad estimulante y rica en cultura. James Joyce escribió acerca de París: «No hay otra ciudad igual. Me levanto temprano, a las cinco de la mañana, y me pongo a escribir». ¿Te has dado cuenta de que hay ciudades que parecen envueltas en una corriente de energía? Aparte de París, la mayoría de la gente siente esta energía cuando está en grandes ciudades como Nueva York o Chicago. Y muchas personas creativas prosperan en ellas. La mayoría de nosotros vivimos lo suficientemente cerca de una gran ciudad como para visitar

su centro cultural y pasar el día recorriendo museos de arte, naturales o de historia; u observando a la gente en la terraza de un café, asistiendo a un concierto, a una representación teatral o a un musical. Así que planeen un día en la ciudad juntos, absorbiendo su cultura, luego noten cómo les afecta la energía de los artistas. Muy probablemente puedan encontrarse con una motivación renovada para probar una incursión en nuevos proyectos creativos o en algún tipo de arte.

2. Vayan a un entorno inspirador. Para compensar la energía cultural que hay en la ciudad, salgan a lugares que sean más serenos, apartados y bellos, y donde tengan espacio para pensar y crear. Las ciudades grandes nos inspiran a menudo a crear. Pero la mayor parte de nosotros necesita serenidad y calma —una playa, una acampada, una cafetería— para dar un paso más y empezar a crear. Estos lugares nos conceden espacio para escribir, pintar, dibujar o tener una batería de ideas.

3. ¡A moverse! Piensen en algo que ya disfruten haciendo juntos regularmente —caminar por el barrio u hojear libros en una librería local— y consideren cómo añadirle un poco de movimiento. Conduzcan hasta otro barrio y paseen —a pie, en bicicleta o con patines— por él. Investiguen un poco y exploren una nueva librería en otra parte de la ciudad; combinen su visita con un postre y un café en una cafetería francesa que no hayan probado antes. A veces es más fácil añadir más aventura cuando se parte de las actividades que ya conocen y disfrutan.

4. Pinten juntos. Asistan a alguno de los populares eventos de «cóctel y lienzo» de su ciudad. Se están organizando por todas partes (busquen descuentos en la Internet, por ejemplo, en Groupons) y son una manera genial, fácil y divertida de disfrutar de una noche fuera en la que tú y tu cónyuge participan

en las artes creativas como protagonistas en lugar de como espectadores.

5. Tomen clases juntos. Busquen en los programas educativos comunitarios de su zona. Son asequibles y suelen ofrecerse en una escuela local por las tardes y los fines de semana; son un buen recurso para unas citas creativas de noche. Cubren un amplio abanico de temas y las hay de distinta duración. Algunas son seminarios de una noche; otras son cursos de seis semanas, una noche por semana. Hay para todos los gustos, y les sorprenderá cuántas cosas geniales pueden aprender a hacer: desde «Cómo hacer sushi con un presupuesto mínimo» a «Cómo pintar igual que Monet» o «Cómo hacerse payaso para divertirse o ganar dinero». Elijan una clase que les parezca divertida e interesante a ambos ¡e inscríbanse!

6. Creen sus propias tarjetas románticas. Déjense de cosas caras y conecten con su niño interior: pasen un ratito con el papel, las tijeras, el pegamento, los marcadores, el cordón, los botones y las etiquetas engomadas, y hagan para su ser amado una tarjeta que les salga del corazón para el día de San Valentín, o por cualquier motivo. Pueden hacer una pizarra con una pieza de papel de color —con las palabras «Te amo porque...» escritas en la parte superior— y ponerle un marco de fotos de cristal. Guárdenla en algún lugar especial, todo el año, y, cada uno a su vez, cuando sientan el impulso de hacerlo, vayan escribiendo notas espontáneas de amor con un marcador no permanente (enganchado al marco).

7. Coloreen con el corazón. En el momento de escribir esto, los libros de colorear para adultos son la última moda. Además de páginas con dibujos en blanco y negro para colorear, hay libros que te inspiran para que dibujes tus oraciones o ilustres versículos bíblicos. Esta es una manera maravillosa de que las personas

creativas conecten con su artista interior a la vez que conectan con Dios y con el significado espiritual.

8. Interpreten su propia música. Si siempre han deseado aprender a tocar un instrumento, ¿qué les impide tomar unas clases? ¡Adelante! A lo mejor tú tocabas el saxo en la secundaria, pero ahora lo tienes acumulando polvo en el desván. Búscalo, límpialo y dale otra oportunidad. Reúnan a la familia en torno a una fogata para improvisar canciones juntos, en plan casero (se puede crear un ambiente de fogata de campamento encendiendo una en el patio trasero, en la chimenea de casa o incluso juntando varias velas en la mesita del café). Si nadie de la familia toca ningún instrumento, pueden dar una pandereta o un silbato a un par de niños. Canten en el auto, bailen en la cocina, agarren la guitarra y dediquen serenatas al que esté preparando la cena. Que la música sea una parte natural de sus vidas.

9. Tomen una clase de cerámica. En la mayoría de ciudades se están impartiendo clases de una o dos horas para principiantes que quieren iniciarse en la alfarería. ¿Quién sabe? Tal vez se enamoren gracias a la arcilla (y acaben recreando la escena de amor frente al torno de alfarero que Demi Moore y Patrick Swayze hicieron famosa en la película *Ghost*).

10. Vayan tras el talento que Dios les ha dado, cualquiera que sea. ¿Siempre quisiste actuar? Prueba a integrarte en el grupo de teatro de tu comunidad. ¿Tienes una maravillosa voz que puede bendecir a otros y no la estás usando? Únete a un coro o a una coral. Dense permiso para desarrollar los talentos que Dios les ha dado, a cada uno, para mantener vivo su espíritu creativo. Apóyense mutuamente en este esfuerzo y siéntense cada uno en la primera fila —literal y figuradamente— para animarse, aplaudirse y alentarse el uno al otro en el uso de sus dones y talentos.

11. Leguen sus talentos. Es muy importante enseñar a sus hijos o nietos a tocar un instrumento, a pintar con acuarelas, a construir una
pajarera o a bailar danza irlandesa. Un amigo me dijo: «Cuando
estaba en la secundaria, nuestro joven director se ofreció para
darnos clases de guitarra en grupo a todos los chicos de nuestro
grupito de jóvenes. Ahora tengo cincuenta y seis años y, hasta
hoy, me acuerdo del regalo que me dio cuando rasgueo la guitarra y canto con mis nietos». Sea cual sea tu talento —decorar
pasteles o construir una casita en el árbol—, compártelo.

12. Cada uno de los dos sea el fan número uno del otro. Cuando
miras a tu pareja realizar cualquier clase de obra creativa, ase-
gúrate de decirle cuán orgulloso estás de sus dones y del coraje
que ha mostrado al usar esos talentos. Que no tenga duda de
lo feliz que te hace verlo o verla en su elemento creativo, en
estado de fluir, en su situación ideal. Puede ser tan sencillo como
decir: «Me ha encantado ver cómo enseñabas a nuestra hija a
coser. Tienes mucha paciencia y sabes animarla. ¡Estás dejando
un legado de creatividad!»; o: «Estoy muy orgulloso de cómo
has arreglado el patio. Me siento ahí por las mañanas con mi
café y me quedo absorto ante la belleza que has contribuido a
crear».

13. Planeen una «aventura del mes» juntos. No importa cuál sea;
simplemente prueben algo nuevo, algo que por lo menos sea
un poco desafiante. Debe ser algo más activo que pasivo. Por
ejemplo, tomen una clase de cocina en lugar de comer en un
restaurante nuevo. Anímense a salir de su zona de confort en
esta aventura. A lo grande. ¡Salgan de lo convencional!

CAPÍTULO 7

EL SECRETO DE LA SALUD
Y LA LONGEVIDAD

¡Te di la vida para que la vivieras!

—MARIA PORTOKALOS, *MI GRAN BODA GRIEGA*

Hace poco pasé por otro cumpleaños clave, que me acerca mucho más a la edad en la que puedo decir lo que quiera y ser perdonado al instante.

No puedo permitirme el lujo de jubilarme ni del trabajo ni de la actividad física a mi edad, debido a la familia todavía joven que estoy levantando. No hace falta decir que mi interés por mantenerme joven de corazón y con un cuerpo en forma es una prioridad constante. No quiero estar solo presente para ver la graduación de mis pequeños, o sus bodas y sus hijos; quiero estar en pleno uso de mis facultades cuando eso suceda. Quiero unirme a mis hijos en sus salidas cuando sean jóvenes adultos, acampar con sus familias; quiero conducir una lancha y arrastrar a todos con sus esquíes de agua en un lago, como mi padre solía hacer con sus nietos; quiero ir de vacaciones con todos como un clan, viviendo al máximo en los mejores años de la vida. Por lo menos, quiero caminar con mi hija por el pasillo sin necesidad de bastón.

A estas alturas, probablemente te habrás imaginado que también me encantaría disfrutar de muchas más segundas lunas de miel con Misty.

La ventaja de tener hijos en edad infantil es que, como siempre estoy rodeado de energía joven, sus espíritus y actitudes joviales son contagiosos. La desventaja está en que, si me permito pensar como una persona anciana, sería muy deprimente ser el gallo viejo en un gallinero de pollos jóvenes. Afortunadamente, aun antes de casarme con Misty y tener nuestros hijos, siempre me sentí más joven (y a menudo más inmaduro) de lo que indicaba mi edad. Considéralo inmadurez u obstinación general; me costó bastante madurar, encontrar mi camino a Dios y organizar mi vida.

Sin embargo, hay algunas señales de envejecimiento que no puedo ignorar. Un par de años atrás, hice unas piruetas de monopatín inadecuadas para mi edad. El resultado fue una tibia rota, una fractura de menisco y la temible lesión de ligamento cruzado anterior. Como hombre de tacto que es, mi cirujano no hizo alusión a que yo debiera intentar otras maneras de mostrar a mis hijos que su viejo papi sigue en la onda. En los últimos meses he estado recuperándome de una segunda cirugía de rodilla. Esta vez, mi cirujano fue un poco más al grano: «Arterburn, tal vez prefiera tomárselo con calma a la hora de realizar actividades que le pueden reventar las rodillas». No añadió: «Porque, ¿no está un poco mayor para esto?». De todos modos, yo sabía que estaba implícito. Así que tengo un interés renovado por historias sobre personas en torno a los cincuenta que desafían los achaques normales de la edad y viven con pasión, energía, movimiento y aventura. Especialmente cuando las protagonizan dos personas como pareja.

Aunque las circunstancias de mi vida tal vez no sean la norma, sé que no estoy solo en mi deseo de mantenerme tan varonil y sano como puedo hasta que el buen Señor me llame a casa. Los nacidos en el *baby boom*, en conjunto, nos hemos negado a entrar sin más en la plácida noche del geriátrico, y la generación X ha adoptado la tendencia antienvejecimiento con la misma fuerza. Por tanto, creo que la mayoría de lectores encontrarán la siguiente historia tan fascinante e inspiradora como yo.

LA ISLA DE LA ETERNA JUVENTUD[1]

Es pecado mortal forzar las leyes de la naturaleza.
No debemos precipitarnos, ni impacientarnos,
sino seguir con entera confianza el ritmo eterno.

— NIKOS KAZANTZAKIS, *ZORBA EL GRIEGO*

Icaria, Grecia, es un lugar donde las personas tienen muchas más probabilidades de llegar a ser centenarias (y felices, saludables, y física y sexualmente activas a esa edad). Una de las más fascinantes historias de longevidad y salud se presenta en la segunda edición del libro de Dan Buettner *The Blue Zones*. Cuando Buettner estaba entrevistando a una icariana de 102 años acerca de su secreto de longevidad, ella le dijo: «Nos hemos olvidado de morir». Esta frase lo cautivó, e Icaria pasó a llamarse la «isla donde la gente se olvidó de morir».[2]

Buettner habla de un hombre llamado Stamitis Moraitia, griego de nacimiento, que llegó a Estados Unidos como veterano de guerra en 1943. Él y su esposa, Elpniki, vivían en la Florida en 1976 cuando él cayó enfermo. Diez doctores confirmaron su diagnóstico de cáncer de pulmón, y le pronosticaron nueve meses de vida. A sus sesenta y tantos años, decidió regresar a su hogar natal, la soleada y montañosa isla de Icaria, de unos 250 kilómetros cuadrados, para vivir el resto de sus días. En la tierra de sus antepasados tendría un entierro más barato, en un cementerio familiar con vistas al mar Egeo. Una vez de vuelta en el país de su juventud, él y Elpniki se mudaron con sus ancianos padres, que vivían en una casita blanqueada con casi una hectárea de viñedos en una colina.

Buettner escribe: «Al principio, Moraitia se pasaba los días en cama. Los domingos por la mañana, subía con dificultad la colina hasta una capillita ortodoxa, donde su abuelo sirvió como sacerdote en otro tiempo. Cuando sus amigos de la infancia empezaron a presentarse cada tarde, hablaban durante horas, una actividad que incluía invariablemente una botella o dos del vino local».[3] El moribundo pensó que también podría pasar sus últimos días siendo feliz. Sin embargo, algo extraño comenzó a suceder. Stamitis Moraitia empezó a sentirse más fuerte. Plantó un huerto y, como trabajaba al aire libre, llenaba sus maltrechos pulmones del abundante aire fresco del mar.

Al poco tiempo, Stamitis se sentía cómodo en la típica rutina icariana: se levantaba cuando lo sentía, trabajaba en la viña, dormía una siesta después de comer. Por la tarde, a menudo iba a la taberna local a encontrarse con sus amigos, jugaban al dominó, a veces hasta después de medianoche. Curiosamente, su salud siguió mejorando y tuvo fuerzas para construir un par de habitaciones en casa de sus padres para que sus hijos, que vivían en Estados Unidos, vinieran de visita. Trabajaba también en la viña de la familia y llegó a producir 1.500 litros de vino al año. Nunca pasó por la quimio, no tomó medicamentos ni procuró tratamiento de ningún tipo. Todo lo que hizo fue regresar a su casa en Icaria y vivir la vida social, sencilla pero activa, que conoció siendo muchacho. Al regresar, su cuerpo se olvidó del cáncer, se olvidó de que estaba enfermo, se olvidó de morir. Pasaban las décadas y él mejoraba.

Moraitia vivió una vida larga, feliz, libre de cáncer hasta que pasó a mejor vida en su propio hogar en 2013, a la edad de 98 años (aunque él decía que en realidad tenía 102, porque creía que su certificado de nacimiento no era exacto). Sobrevivió a su esposa en más de una década (ella falleció con 85 años). En un interesante paréntesis, Stamitis Moraitia volvió a Estados Unidos unos veinticinco años después de haberse marchado, para ver si podía encontrar a los doctores que le diagnosticaron el cáncer de pulmón y saber qué le ocurrió para haber sanado. Pero no pudo cumplir su misión, pues todos habían muerto para entonces.

Aunque la historia de Stamitis de una recuperación casi milagrosa de un cáncer maligno puede ser inusual, la buena salud, la vitalidad y la longevidad de los icarianos son algo proverbial. Icaria tiene una particularidad entre las islas griegas: está bastante aislada del mundo moderno. Estos sanos isleños viven a diez horas en barco de la metrópoli de Atenas, donde el índice nacional de obesidad se ha elevado desde la introducción de los hábitos occidentales del consumismo y de la comida rápida. Los icarianos, sin embargo, siguen teniendo dos veces y media más probabilidades de alcanzar los noventa que los estadounidenses, y los varones tienen casi cuatro veces más la probabilidad de cumplir noventa años, en comparación con los de Estados Unidos. Los diez mil habitantes de Icaria sufren una cuarta parte de nuestro índice de demencia, y, a pesar del alto nivel de desempleo y otros problemas, experimentan mucha menos depresión que los estadounidenses.

Así que, ¿qué están haciendo los icarianos a diferencia de los occidentales para tener vidas tan largas, felices e intensas? Los investigadores sostienen que no hay un solo factor aislado que lleve a la vitalidad y la longevidad. Como dijo Dan Buettner: «No hay ningún remedio mágico». Lo que él descubrió en su investigación sobre las gentes con la vida más larga y saludable del mundo fue una serie de hábitos sanos que convergen produciendo las condiciones idóneas para una vida larga, apasionada y contenta.[4]

Curiosamente, Grecia, como país, tiene la tasa de divorcio más baja de Europa, y la vida sexual más activa entre parejas mayores, que señala coherentemente la satisfacción marital en matrimonios duraderos. No pude evitar sentir curiosidad por los hábitos de los griegos y de los icarianos, puesto que esta isla presume de los ancianos más sanos, felices y sexis del planeta.

Por si también sientes curiosidad, aquí tienes algunos de los hábitos de estos isleños tan saludables y felices.

1. Los icarianos están levantados hasta muy tarde y duermen hasta que se despiertan solos, sin despertador.
2. Duermen siempre la siesta.
3. No se preocupan mucho del reloj; no son dados a planificar ni a guiarse por la hora.
4. Beben lo que llaman «té de montaña», hecho de hierbas locales y servido como un cóctel vespertino. El té se considera un tónico para la buena salud. Tiene fuertes propiedades antioxidantes, así como propiedades que mantienen de manera natural la presión arterial, evitando que suba.
5. La rutina diaria típica de los icarianos consiste en despertarse con naturalidad y sin prisa, trabajar en la huerta, en la viña

o atendiendo a las cabras. Luego comen, bastante tarde, y se toman una siesta. Al atardecer visitan a los amigos, a menudo en torno a unos vinos. (Buenas noticias para los que disfrutan de un sueñecito de sobremesa: las personas que duermen la siesta tres veces por semana tienen un treinta y siete por ciento menos problemas de corazón que las que no lo hacen).

6. Al igual que la gente de otros países mediterráneos, los icarianos comen muy poca carne y azúcar, y muchas legumbres, verduras y aceite de oliva. Además, su dieta es rica en leche de cabra, en vino tinto (de producción orgánica local; dos a cuatro vasos al día), en su té de montaña, en café griego bien cargado (dos o tres tazas al día), en miel fresca local y en pan integral de masa fermentada. No es habitual la carne, pero, cuando la comen, es de pescado, cabra o cerdo.

Los médicos de la Facultad de Medicina de la Universidad de Atenas descubrieron que la leche de cabra contiene triptófano, que produce serotonina, una hormona que aporta una sensación general de alegría y contentamiento. Además, la leche de cabra es más fácil de digerir que la de vaca. Hay más de 150 tipos de verduras comestibles en la isla que tienen diez veces los antioxidantes del vino tinto. El vino, con moderación, ayuda al cuerpo a absorber más flavonoides, un tipo de antioxidante que combate el cáncer y otras enfermedades. El pan de masa fermentada, integral, puede reducir la carga glucémica de una comida. Y todo lo que producen está libre de pesticidas químicos.

7. En un estudio de los hombres más ancianos de Icaria (entre 65 y 100 años), el 80 % afirmaba tener sexo con regularidad. Un 25 % del grupo dijo que lo tenía con «buena duración» y «culminación».[5] Los griegos, como país, tienen también sexo con más frecuencia que la mayoría de países del mundo, con un promedio de tres veces por semana. Zorba el Griego dijo: «Si una mujer duerme sola, es una vergüenza para todos los hombres. Dios tiene un gran corazón, pero hay un pecado que no

perdonará: que una mujer invite a un hombre a su cama y este no vaya».

Para los griegos, el sexo es un regalo, ¡y uno que no se puede ignorar! Según una encuesta, el 80 % de los griegos cree que practicar sexo es muy importante, en comparación, por ejemplo, con los ciudadanos de Tailandia, donde solamente el 38 % cree que el sexo es importante. Además, el coito dura más entre los griegos que entre la mayor parte de los otros pueblos del mundo, con una media de 22,3 minutos.[6]

8. Además de que comen más natural y saludablemente que los estadounidenses, los griegos se lo toman con calma para relajarse y disfrutar a fondo de sus comidas. Rara vez comen solos, prefieren la compañía de familia y amigos. La comida se disfruta con una buena dosis de conversación. Cuando charlan, aparte de los chismes locales, les encanta discutir sobre los temas más elevados, como la filosofía o el sentido de la vida, igual que sus antepasados. Sócrates, el antiguo sabio griego, dijo: «Las mentes fuertes hablan sobre ideas, las mentes normales hablan sobre acontecimientos, las mentes débiles hablan de la gente».

9. Aunque la tasa de desempleo es alta —quizás de hasta un cuarenta por ciento— los griegos trabajan duro, muchas horas, en labores de mera supervivencia. Pueden comenzar su jornada laboral tarde (normalmente no antes de las once), pero muchos de sus ciudadanos también trabajan hasta muy tarde en la noche. Casi todo el mundo tiene huertos y cría cabras o cerdos. Además, los icarianos trabajan a menudo en varios empleos ocasionales, estacionales o a tiempo parcial, siempre que se presenta la oportunidad.

10. Aunque no son ricos en cuanto al dinero, sí lo son en cuanto a comunidad, risa, amigos y familia. Tal vez no tengan ingresos para los lujos, pero su autoabastecimiento hace que haya siempre comida fresca, natural en la mesa. Sus necesidades básicas son pocas, y pueden cubrirlas sin mucho dinero.

11. Los ancianos de la isla atribuyen su longevidad al aire limpio y al vino. Aunque hay contaminación por el continente, la isla de Icaria está aislada, así que allí el aire ha seguido siendo puro y limpio. Beben de dos a cuatro vasos al día de vino de producción local, sin pesticidas.

12. Además de cultivar un huerto y de cuidar las cabras, un día típico implica subir y bajar unas veinte pendientes. El modo principal de transporte de la casa al trabajo es a pie. Y las tardes suelen completarse a menudo con baile. Para los icarianos de todas las edades, el ejercicio es una parte natural de la vida: su transporte, su trabajo, su entretenimiento.

13. Su cultura muestra un gran respeto por los ancianos, y la gente posee una sensación de propósito en sus vidas, en todas.

14. La religión ortodoxa griega está entretejida en su experiencia diaria, lo cual da a sus vidas sentido de propósito, estabilidad, comunidad, pertenencia y compasión. Para los abundantes días de fiesta religiosa y cultural, el pueblo junta el dinero y compra comida y vino. Si sobra, se da a los pobres. El domingo asisten a la iglesia, y ayunan antes de los días festivos ortodoxos. «Aunque seas un antisocial, nunca estarás totalmente solo —escribe Buettner—. Tus vecinos te convencerán para salir de casa y acudir a la fiesta del pueblo para comerte tu porción de carne de cabra».

15. Al principio de la película *Mi gran boda griega*, la protagonista femenina, Toula, intenta explicar a su novio, Ian, cómo es pertenecer a una familia griega. «Toda mi familia es grande y ruidosa. Y todos se meten en las vidas y asuntos de los otros. ¡Todo el tiempo! Nunca tienes un minuto siquiera para pensar, porque estamos siempre juntos, ¡solo comiendo, comiendo, comiendo! Las únicas otras personas que conocemos son griegas, porque los griegos se casan con griegos para tener más griegos que sean ruidosos comilones griegos».

Esta hilarante película es sorprendentemente exacta en la manera como retrata el modo de pensar griego. No piensan en términos de «mi» tanto como «nuestro» o «nosotros». En su idioma no hay una palabra para la privacidad. Esto puede ser frustrante a veces, pero también mantiene un control sobre comportamientos inadecuados, pues todo el mundo sabe lo que está haciendo todo el mundo. La criminalidad es baja aquí, no por una gran vigilancia, sino porque la gente no quiere traer vergüenza a su familia. Y, por molesto que pueda resultar en ocasiones, el sentimiento de pertenencia es una de las necesidades humanas básicas. Y, amigo, algo que los griegos consideran absolutamente necesario es que exista un lugar donde sean bien recibidos, saber que pertenecen a una familia y a una comunidad. Esto es un gran caldo de cultivo para la longevidad.

Al final de *Mi gran boda griega*, Toula concluye: «Mi familia es grande y ruidosa, pero es mi familia. Luchamos y reímos y, sí, asamos el cordero en una fogata en el jardín. Y dondequiera que yo vaya, y haga lo que haga, siempre estarán ahí».

EJERCITARSE PARA LA SALUD, LA ENERGÍA Y LA VIDA APASIONADA

Ningún hombre tiene el derecho de ser un aficionado
en materia de entrenamiento físico. Es una desgracia
que un hombre se haga viejo sin ver la belleza
y la fuerza de que su cuerpo es capaz.

— SÓCRATES

Grecia es uno de los dos únicos países europeos que se sitúan entre las diez naciones más activas físicamente (Holanda, el país de infinitas bicicletas, es el otro. Sin embargo, los griegos son aún más activos que los ciclistas holandeses).[7] La esperanza de vida en Grecia es de 81,4 años.[8] Es una de las más altas del mundo.

Junto con la dieta y el sentimiento de pertenencia y propósito, otra razón por la que muchos europeos (particularmente los mediterráneos) están más en forma que los estadounidenses es porque viven allí donde el ejercicio es una parte natural de moverse por la ciudad. No tienen que sacar tiempo para ir al gimnasio, porque su forma de vida —su desplazamiento de un lado a otro— ya tiene sus propios entrenamientos incorporados.

En un estudio de diecisiete países industrializados, los estadounidenses tenían el índice más alto de obesidad y eran los que menos probabilidades tenían de caminar, ir en bicicleta o usar el transporte público. Los europeos, por su parte, caminaban tres veces más y montaban en bici cinco veces más que los estadounidenses, en gran parte debido a que sus ciudades son más compactas y propensas a ser transitadas con medios activos.

Los investigadores encontraron que, por término medio, los europeos recorren 380 kilómetros a pie y 187 en bicicleta al año; los residentes de Estados Unidos. caminan 140 kilómetros y van en bici 39. Esto significa que los europeos eliminan de manera natural de dos a cuatro kilos de grasa anualmente, en comparación con los estadounidenses, que apenas queman un kilo.[9]

Los estadounidenses no siempre han tenido una forma física tan deficiente como hoy. Con la llegada a la cultura occidental de la comida rápida y de los restaurantes de pedir y llevar, nuestro acceso a las calorías ha aumentado. Y ese aumento de las calorías ha venido acompañado de un descenso de la actividad física en nuestras vidas. En 1970, en torno al 40 % de los niños de Estados Unidos iban a la escuela a pie; ahora lo hacen menos del 12 %. Nuestros abuelos, sin hacer ejercicio, quemaban unas cinco veces más calorías al día que nosotros en su actividad física. A diferencia de mi padre y mi abuelo, yo no he tenido que abrirme camino entre la nieve por ocho kilómetros para ir a la escuela y volver. A mí me llevaban, pero sí regresaba a casa a pie, y *era* más de kilómetro y medio, y tenía que cruzar una vía principal con el calor y la humedad de Bryan, Tejas. De acuerdo, tal vez no sea tan duro como lo que hacían mi padre y mi abuelo, pero era muy diferente de los diez pasos hasta el bus escolar que mis hijos hacen ahora.

Soy consciente, sin embargo, de que mis niños van a aprender mucho más de observar a su papá dando prioridad a mantenerse en forma que de sermonearlos con mis historias sobre lo dura que era mi vida a su edad. Por eso ven a un hombre dinámico que se levanta y hace ejercicio aun en mañanas cuando parece una hazaña casi imposible. Han llegado a saber que nuestra manera de devolver vida a nuestros cuerpos, conservarlo sano y prolongar su vitalidad es mantenerlo en movimiento (y no con la postura preparatoria para el ataúd que la mayoría adopta en el sofá ante la tele). Es difícil ver a los niños de hoy sin alguna clase de pantalla delante: iPhone, ordenador portátil, Game Boy, iPad, TV, etc. En lugar de regañarlos para que desconecten los aparatitos, intento plantearles actividades divertidas y los invito a dar un paseo en bici, hacer unos lanzamientos o dar una caminata hasta algún lugar especial.

Misty y yo llevamos vidas activas con naturalidad, y apostamos por esto para ayudar a mantenernos jóvenes y tener la energía necesaria para poder estar ahí en plena disponibilidad para nuestros hijos, nuestro trabajo y nuestro cónyuge para toda una vida. En nuestra familia todos tenemos una bicicleta y damos juntos algunos paseos breves por diversión. Misty y yo también salimos a recorridos más largos por los campos de maíz que hay a un minuto de casa. Misty hace *crossfit*, y yo uso la máquina de pesas y la de remos. Nos encanta tener ocasiones para salir a practicar deporte y dar largos paseos por el bosque, y, cuando tenemos oportunidad, nos gusta mucho montar a caballo. Y ya has leído acerca de nuestro ejercicio favorito de interior: ¡bailar!

EL EJERCICIO COMO LA FUENTE DE LA JUVENTUD

Puesto que Grecia es el lugar donde nacieron los Juegos Olímpicos, el gobierno griego se toma a pecho la actividad física. Desde temprana edad, orientan a los niños hacia los deportes. Por desgracia, en todo lugar donde llega la occidentalización con el influjo de los medios de comunicación, el consumismo y la comida rápida, se produce un empeoramiento de la forma física y un auge de la obesidad.

El doctor Daniel Amen, uno de los principales expertos de Estados Unidos en salud cerebral y envejecimiento, escribe: «El ejercicio físico es verdaderamente la fuente de la juventud, y es crucial mantener tu cerebro vibrante y joven». Caminar cinco días a la semana durante treinta minutos al día puede reducir la demencia senil e incluso detenerla. Algunos estudios indican que caminar treinta minutos al día puede evitar el desarrollo del Alzheimer, aun cuando tengas predisposición genética a él.[10]

El doctor Amen se ha convertido en un buen amigo para mí y para mi cerebro, después de que me descubriera una lesión cerebral traumática, que apareció en un escáner SPECT que me hizo recientemente. Una vez descubierto el problema, me animó a convertirme en un guerrero que luche por mi propia salud cerebral, para minimizar el daño y vivir una vida completa, larga y con un cerebro sano. He llegado a darme cuenta de que lo que es bueno para el cuerpo y el corazón lo es también para la cabeza. El doctor Amen me ha sugerido tomar unos complementos especializados para la función cerebral. Tuve que hacer cambios bastante drásticos en mi dieta. Según parece, el azúcar no se lleva bien con el cerebro, como con el estómago y los músculos. También me sugirió hacer algunos ejercicios *online* para el cerebro, pero lo que no dejaba de enfatizar es que el ejercicio físico será una de mis armas principales para mantener una mente joven y un cuerpo jovial a cualquier edad. Resulta que bailar —el único ejercicio que disfruto de veras— es una de las mejores maneras de mantener el cerebro a punto. Esto es así porque no es solo un ejercicio aeróbico, sino que involucra la coordinación, el aprendizaje y recuerdo de nuevos pasos, así como la sincronización de movimientos con el ritmo de la música (actividades que estimulan el crecimiento de las neuronas, incluso mientras los músculos aumentan y se estiran).

En mi caso, también descubrimos que mi cerebro había sufrido alguna lesión ocasionada por la exposición temprana a moho, plomo y mercurio. Esto significa que tengo que ser especialmente proactivo en cuanto a mi salud cerebral si quiero evitar cosas como la demencia senil temprana o el Alzheimer. Francamente, es un poco agobiante. Sin embargo, antes ya he cambiado drásticamente mis hábitos, y, por tanto, mi vida, así que sé que puedo hacerlo de nuevo. Cuando estaba en el seminario comencé a luchar con una nube negra de depresión química. Me marqué una meta pequeña: salir de la cama a mediodía y caminar fuera de casa hacia las dos de la tarde (si te parece que es ridículamente sencillo, es que no has padecido una depresión química). Comencé con estos pasitos asequibles y, gradualmente, cuanto más me movía y más aceleraba el paso, mejor comencé a sentirme. Ahora sabemos que el ejercicio es uno de los mejores antidepresivos; todos sus efectos secundarios son positivos.

De hecho, hay pocos males en nuestra vida que no mejoren con un poco de movimiento y aire fresco. Si el ejercicio fuese una píldora, estaríamos proclamando sus virtudes desde lo alto de las montañas. Si tú y tus seres queridos quieren vivir una vida larga, feliz, vibrante y apasionada, pocos regalos se pueden hacer que sean mejores que el regalo de permanecer activos.

En su blog, el doctor Amen comparte varias ventajas del ejercicio que pueden suscitar tu interés al pensar en la pasión que una mejor forma física puede traer a tu vida.

El ejercicio mejora el flujo de oxígeno, de sangre y de nutrientes al cerebro. Reduce la tensión, mejora tu humor y baja la presión arterial y los niveles de azúcar en la sangre, a la vez que disminuye la inflamación, las células grasas, el peso y la fragilidad. Al mismo tiempo, acelera el metabolismo y aumenta la longevidad, la densidad ósea y la sensación general de bienestar.

Caminar. Háganlo progresivamente hasta «caminar como si llegaran tarde» cuarenta y cinco minutos al día, cuatro veces por semana. Al doctor Amen le gusta añadir «punto límite» a sus caminatas. Durante la caminata, haz cuatro o cinco períodos de un minuto de «punto límite» (caminar o correr lo más rápido que puedas) y luego vuelve al ritmo anterior. Los entrenamientos con breves periodos así ayudan a liberar endorfinas, elevarte el ánimo y hacerte sentir más motivado.

Fortalecer. ¿Sabías que cuanto más fuerte eres conforme vas envejeciendo, menos probabilidades tienes de padecer Alzheimer? ¡Es verdad! Un estudio canadiense descubrió que los entrenamientos de resistencia juegan un papel visible en la prevención del declive cognoscitivo. Además, también ayuda a perder peso y reducir grasa abdominal. El doctor Amen suele recomendar dos sesiones semanales de entrenamiento de treinta y cinco a cuarenta y cinco minutos de fortalecimiento o resistencia, una para la parte inferior del cuerpo (abdomen, baja espalda y piernas), y la otra para la parte superior (brazos, espalda y pecho).

Actividades de coordinación. El baile, el tenis y otros deportes de raqueta, así como el tenis de mesa (el mejor deporte para el cerebro) son realmente divertidos y estimulan la actividad en el cerebelo, localizado en la parte posterior inferior del cerebro. Aunque tiene tan solo el diez por ciento del volumen del cerebro, el cerebelo contiene el cincuenta por ciento de nuestras neuronas. Está involucrado tanto en la coordinación física como en la de pensamiento. [La otra ventaja de estos deportes es que se juegan con otro, y si tu pareja está dispuesta a unirse a ti para una ronda de *ping-pong*, un partido de tenis o bailar un chachachá, mucho mejor].

Ejercicio de atención plena. Se ha descubierto que actividades tales como el yoga y el tai chi reducen la ansiedad y la depresión, y aumentan la concentración. Lo creas o no, estas actividades relajantes queman realmente calorías a la vez que aumentan la fuerza y la flexibilidad y te ayudan a sentirte centrado y cimentado.[11]

LA CONEXIÓN
«FÍSICAMENTE ACTIVA/PASIONALMENTE ACTIVA»

¿Han notado alguna vez que después de un entrenamiento duro, una caminata o un rato nadando juntos sienten mayor atracción física e interés sexual el uno por el otro?

Eso es porque hay una fuerte correlación entre ser físicamente activo y tener sentimientos románticos, con inclinación a la pasión.

Puesto que los griegos están entre los pueblos más activos físicamente (especialmente en las islas, donde la vida diaria incluye caminar por terreno montañoso), no sorprenderá mucho saber que Grecia está arriba en la lista de las naciones más activas sexualmente, con un promedio de 164 sesiones de acto marital por persona al año, más de tres veces por semana.

No hay duda de que el ejercicio aumenta el impulso sexual en los hombres y las mujeres. Un estudio reveló que los hombres que hacían ejercicio por una hora, de tres a cinco días por semana, desarrollaban una vida sexual más confiable, agradable y activa.[12]

El ejercicio tiene beneficios colaterales de tipo sexual también para las damas. Un estudio del 2008 publicado en el *Journal of Sexual Medicine* puso de manifiesto que el ejercicio intenso y breve (veinte minutos, con un ritmo cardíaco del setenta por ciento) aumenta sensiblemente la excitación sexual fisiológica de las mujeres.[13]

Por supuesto, los beneficios estéticos de un cuerpo más sano, más tonificado y más delgado suelen producir una mayor confianza en el dormitorio, puesto que uno se siente más atractivo y a tono para hacer el amor.

VENTAJAS DE HACER EJERCICIO JUNTOS

Según un artículo, «Un grupo creciente de expertos coincide en que las parejas que se ejercitan juntas pueden no solo evitar los kilos sobrantes que a menudo van ligados al matrimonio, sino que pueden fortalecer sus relaciones y su vida sexual, y posiblemente vivir felices para siempre».[14]

Una de las cosas que a Misty y a mí nos ayudan a unirnos emocionalmente es ¡salir y jugar! Un invierno encontramos un lugar en Breckenridge, Colorado, que se había especializado para motos de nieve. Tal vez no suene mucho a ejercicio, pero te sorprendería, porque las motos de nieve eran algo nuevo para nosotros, había un sentido real de aventura, un punto de riesgo. Cuando las parejas hacen algo nuevo juntos, pueden saltar reconfortantes chispas de endorfinas que estrecharán su interdependencia.

El doctor Jane Greer, psicoterapeuta matrimonial y de relaciones, explicó: «Cuando una pareja hace ejercicio junta, el ejercicio en sí mismo puede tener un impacto positivo física y emocionalmente. Ambos miembros salen con sensaciones de sincronía, de espíritu cooperativo y de pasión compartida».[15] «Sincronía» y «espíritu cooperativo» son otras palabras para referirse a la sintonización de que hablamos en el capítulo 2. Es fascinante observar que la pasión compartida puede surgir del ejercicio juntos, de cualquier manera, forma o clase.

Súmale el aumento de endorfinas que se produce con el ejercicio y tu estado de ánimo puede elevarse, resultando en una comunicación más positiva. Sudar como pareja puede reducir el estrés y producir buenas sensaciones en ambos, mejorando la manera como se sienten cuando están juntos.

Finalmente, las parejas que hacen ejercicio juntas tienen muchas más probabilidades de conseguir sus metas de entrenamiento. Un estudio mostró que, después de doce meses, solamente el 6,3 % de las parejas casadas que hacían ejercicio juntas dejaron su rutina de entrenamiento, mientras que un increíble porcentaje, el 43 %, de los solteros sí la dejó.[16]

Aunque Misty y yo hemos podido pasar diversas aventuras y nos han encantado, la cosa que hacemos con más frecuencia, que cuesta menos y que todo el mundo puede disfrutar con más facilidad, es caminar. Las dos operaciones de rodilla me lo impidieron durante un tiempo, pero ya he recuperado mis pasos y nos encanta poder caminar juntos de nuevo. Como he podido mantenerme en bastante buena forma durante varias décadas, la gente se sorprende al saber que no siempre ha sido así. De hecho, esa fue un área de grandes luchas. Cuando tenía veintitantos años, fumaba e ingería miles de calorías a diario, y eso no era precisamente un estímulo para el ejercicio. Como mencioné anteriormente, la depresión me acompañaba en aquel tiempo y lo más fácil para mí era quedarme en la cama. Obligarme a caminar cada día fue el primer cambio que hice, que abrió la puerta a otros hábitos saludables y con el tiempo me alivió de mi depresión. Una vez conocí a una mujer que se llamaba, literalmente, Happy Walker [Caminante Feliz], y en eso es en lo que yo me convertí desde entonces. Todavía hoy, una de las maneras que Misty y yo tenemos para conectar emocionalmente a la vez que hacemos ejercicio es caminando juntos con regularidad.

Es importante encontrar algo que ambos disfruten por igual y que puedan hacer juntos. Paseos, caminatas, montar en bici, bailar, tenis y natación son cosas que las parejas pueden hacer fácilmente juntas. Algunas parejas prefieren el espíritu competitivo de un equipo de fútbol o voleibol. Otras pueden disfrutar una relajante clase de yoga o tai chi. Tómense el ejercicio, y ocasionalmente realizarlo en pareja, como un regalo de salud y una inversión para una relación más apasionada. Sócrates escribió: «El secreto del cambio es enfocar toda tu energía no en combatir lo viejo, sino en construir lo nuevo». ¡Intenta pensar en llegar a ser más activo no como una lucha contra tu teleadicto interior, sino como una nueva aventura para descubrir tu yo más motivado y vital!

Si el ejercicio o los deportes no son lo tuyo, plantéate una afición que te guste mucho e implique movimiento físico. Tenemos unos amigos a los que les encanta visitar las tiendas de segunda mano y de compraventa, luego traen sus hallazgos a casa y dan un nuevo acabado o función a las viejas piezas del mobiliario para conferirles nueva vida. Su *hobby* implica mucho caminar, levantar objetos, doblarlos, girarlos y otros esfuerzos pasados de moda, pero, como están tan entregados a la diversión de buscar y crear tesoros, apenas se dan cuenta de que están haciendo (shhh, no se lo digan) *ejercicio*.

Quizá los dos decidan emprender un proyecto que quisieran llevar a cabo: pintar un cuarto, hacer un estanque para peces, plantar un jardín, montar algunas estanterías, limpiar el garaje… cualquier cosa que aúne el estar activos con la diversión de la creatividad y el sentimiento de lograr algo juntos. Cuando haga buen tiempo, imaginen las maneras en que podrían usar la suma equitativa de sus esfuerzos para decorar el jardín con una fuente, una glorieta, una mesa de picnic artesanal o una bonita tapia. Aparten algo de tiempo por las tardes para ir en bici al parque, jugar con el *frisbee* o pasear al perro, si lo tienen (si no tienen perro, consideren las ventajas de conseguir uno; son más baratos que un entrenador personal y pueden proporcionarles los mismos servicios para mantenerlos en forma, sin mencionar la relajación y las buenas endorfinas que las mascotas aportan a sus dueños). Piensen como niños y salgan a jugar con sus hijos o nietos. Además de los beneficios de invitar a gente y de cocinar que desgranamos en el capítulo 3, preparar una fiesta, servir la comida y bebidas, y limpiarlo todo al terminar ¡puede ser de lo más aeróbico! Todo ello suma ejercicio. Si combinan el movimiento con la diversión o con el cumplimiento de tareas, será más fácil motivarse para levantarse del sofá.

PIENSA COMO UN GRIEGO

Cuando leyeron sobre los icarianos en la historia de apertura de este capítulo, ¿qué aspectos de sus vidas les llamaron más la atención? El filósofo griego Aristóteles dijo: «Somos lo que lo hacemos repetidamente. La excelencia, entonces, no es un acto, sino un hábito». Si quieren mantenerse jóvenes y seguir apasionados durante toda su vida de casados, tal vez sea el momento de hacer inventario de todos sus hábitos y ver dónde vendría bien un pequeño retoque, siguiendo un ejemplo o dos de esos saludables ancianos de la isla griega. ¿Descansan lo suficiente? ¿Apartan días para levantarse de manera natural, sin despertador? ¿Mantienen la conexión con sus amigos y familiares? (¿Tal vez podrían ser más proactivos con respecto a acercarse y establecer esas conexiones?). ¿Tienen un sentido de pertenencia a una comunidad de fe donde viven? ¿Hay algunas bebidas o comidas de la dieta icariana que les gustaría incorporar a la suya? ¿Tienen rutinas y rituales que aporten estructura y control a sus vidas? ¿Tienen tiempo para considerar las cuestiones más importantes de la vida y hablar de ellas juntos, en pareja? ¿Se mueven, se esfuerzan o hacen ejercicio físico en algún momento del día? ¿Pueden dejar ir el estrés cuando se acaba el día? ¿Le dan prioridad al sexo y a hacer el amor?

La mayoría de parejas pueden sacar auténtico provecho de unas vacaciones juntos, y animamos a todas a que, en la medida de lo posible, sean creativas y planeen o hagan un presupuesto para algún tipo de escapada de luna de miel cada año o dos. No llenen de actividades estos momentos de vacaciones románticas. Asegúrense de concederse unos días en los que puedan olvidarse de mirar el reloj, de qué día es, de tener que ir a alguna parte a una hora determinada. Nuestro «trabajo» en las vacaciones suele ser más físico que mental y consiste más en juegos como la pesca, ir en canoa, hacer senderismo, pasear, nadar, esquiar o hacer snorkel. ¡El sexo en vacaciones es un beneficio muy deseado en esas escapadas! Cuando las parejas están relajadas, se han deshecho de sus listas de tareas, han podido descansar y se permiten el lujo de no tener prisas y disfrutar el uno del otro, pueden deleitarse el uno en el otro y degustar un sexo *gourmet* en lugar del rapidito. Las vacaciones nos desaceleran e intensifican nuestros sentidos de modo que todo, incluso el acto marital, parece más sublime y memorable.

El filósofo griego Platón dijo: «La mejor riqueza es contentarse viviendo con poco». Y Sócrates advirtió: «Cuidado con la esterilidad de una vida ocupada». La pasión, según parece, necesita espacio para crecer. Las parejas podemos necesitar hacer menos, desconectarnos de más cosas, simplificar nuestras vidas en lo posible de modo que tengamos el margen necesario para nutrirnos en profundidad a nosotros y nuestros matrimonios, en todos los sentidos de ese verbo. Demasiados matrimonios agotados y agobiados sienten una profunda llamada en su corazón para volver a los fundamentos que nutren el bienestar del cuerpo y el alma.

Así que, al menos un par de veces al año, piensen como un isleño griego. Detengan la presión, las prisas, la agenda. Dejen sus relojes y sus iPhones. Substituyan el ruido por el sonido del océano o la brisa entre los árboles. Usen el cuerpo para nadar, para caminar, para hacer el amor, y jueguen, y den un respiro a su sobrecargado cerebro. Coman cuando tengan hambre, duerman cuando estén cansados, bailen cuando lo sientan. Y redescubran esa sensación llamada pasión por la vida y el uno por el otro.

Recordaba esas mañanas de principios de verano, sentado a una mesa junto a la playa, sorbiendo un café griego y respirando el aroma de los árboles del tamarisco, escuchando el suave golpeteo de las olas contra una barca; los lentos almuerzos con fragancia de orégano, después de los cuales volvía con Danielle a casa a echar una siesta en el maravilloso frescor de nuestra granja de finas paredes y, con los niños

dormidos, quizás hacíamos el amor; y esas tardes en las
que el mundo exterior se reducía a las pocas hectáreas
que las luces de la taberna iluminaban.

—TOM STONE, *THE SUMMER OF MY GREEK TAVERNA*

Trece maneras de mantener sano tu amor a una edad avanzada

1. Decidan sobre un proyecto que deseen llevar a cabo juntos, quizás algo que rehacer, hacer o construir en la casa, que requiera cierto esfuerzo físico y cooperación. De hecho, hagan una lista de proyectos, si pueden, en los que les gustaría trabajar a lo largo del año. ¡Proyectos que los motivarán a mantenerse en movimiento!

2. Aparten todos los días que puedan por semana para permitirse despertar de manera natural. Si tienen niños pequeños, túrnense para que el cónyuge pueda dormir por lo menos un día a la semana. No es un lujo; es una saludable concesión.

3. Disfruten de las siestas sin sentirse culpables. Las personas acostumbradas a tomarse una siesta reparadora, aunque sea breve, tienen plena fe en la energía que les aporta. Si no pueden dormir un poco por la tarde, al menos aparten de diez a veinte minutos para relajarse completamente. Si es posible, acuéstense y dejen a un lado las preocupaciones mundanas. Les sorprenderá cómo este sagrado reposo en la mitad del día los reactivará y renovará su pasión para el resto del día.

4. Intenten incorporar algunos de los elementos de la dieta griega en su vida. Si disfrutan del queso feta y del queso de cabra normal, quizás deseen usarlos con más frecuencia en su menú

y experimentar las ventajas de su actividad probiótica en su sistema digestivo. Si se atreven, pueden comprar café griego en la Internet (pero también deberán ver cómo se hace, porque se parece más al barro que al café colado). En Amazon se pueden comprar también bolsitas de infusión de té de montaña griego. O investiguen y prueben distintos cafés y tés saludables. Si les gusta el vino, asistan juntos a una clase de cata o producción de vino.

5. ¡Vean juntos una noche *Mi gran boda griega* y disfruten de la risa! Comenten qué aspectos de las familias griegas los volverían locos y cuáles les encantan y les gustaría que estuvieran más presentes en su vida, matrimonio y familia.

6. Busquen recetas vegetarianas mediterráneas y prueben algunas para ver si pueden incorporar más verduras y legumbres en su dieta. ¡Si les gustan las berenjenas, prueben la receta griega de la *moussaka*! Llenen un pan de pita con distintas verduras y hortalizas, quesos de cabra, aceitunas y una pequeña cantidad de carne, con un poco de aliño a base de vinagre y aceite de oliva.

7. Pasear juntos con regularidad es una de las maneras más simples de hacer ejercicio y de enterarse de las noticias del día. Paseen hasta un bar de jugos o una cafetería para darse el premio de una bebida reparadora y un bocado saludable. Si hace frío, tal vez quieran crear un sencillo gimnasio casero, o ir juntos a un gimnasio local tres veces por semana en citas de ejercicio, o pasear por un gran centro comercial, premiándose con un batido de frutas en un kiosco cuando hayan terminado. Otra idea es participar en una carrera por diversión o por una buena causa. Entrenarse juntos para algo, ya sea una carrera de medio fondo o una maratón, puede estrechar mucho sus lazos. Aunque no corran a la par todo el rato, animarse mutuamente y compartir esfuerzos puede ser una gran manera de estar más

unidos. Exploren una nueva ciudad, lleven sus cuerpos a metas saludables ¡y hagan de ello unas vacaciones!

8. Plantéense conseguir unas bicicletas —de carreras, de montaña, o esas antiguas bicis de paseo (que los harán más reconocibles como *baby boomers*)— para ir juntos a actividades o lugares de los que disfruten. Desafíense a ver cuántas veces podrían renunciar al coche, yendo en bici a donde quieren ir. Entre paréntesis, unos investigadores holandeses han descubierto que el método de transporte que más estimula el sentimiento de alegría es la bicicleta. Así que, si pueden ir en bici de un punto al siguiente, no solo ganarán en salud, sino también en felicidad. ¡Sobre todo si montan con su cariñito al lado!

9. Si les gusta del agua, intenten ir de vacaciones a lugares cálidos donde puedan nadar, hacer *snorkel*, submarinismo, canoa, vela, *surf*, *windsurf* o pescar juntos. O sencillamente paseen por la playa, de la mano. El agua tiene un efecto relajante y vigorizante a la vez para las parejas, con todas las actividades físicas y la belleza que pueden disfrutar en su entorno. En un estudio de la Universidad de Harvard realizado a 160 nadadores masculinos y femeninos de cuarenta y tantos y sesenta y tantos años, se vio que la actividad física regular estaba asociada con una práctica más frecuente y satisfactoria del sexo. Los nadadores de sesenta y tantos años reportaban una vida sexual comparable con la de los que tenían veinte años menos.[17]

10. Tomen clases de baile juntos, o vayan a bailar sencillamente a su manera. El movimiento y la música añaden sensaciones de pasión a sus vidas. Cuando empiece a sonar una canción que ames, deja lo que estés haciendo y baila un vals con tu esposa por la cocina, o márcate unos pasos de salsa en la sala de estar. ¡Diviértanse! Asistan a festividades étnicas en las que la danza forme parte de la cultura, y únanse a la celebración.

11. Hablen acerca de su sentido de propósito y significado, como individuos y como pareja. ¿Pertenecen a una comunidad de fe que dé sentido a que estén ustedes aquí en este planeta? ¿Hay algo que Dios les esté llamando a hacer juntos? Tómense tiempo para orar juntos y para pedir que Dios revele cuál debe ser su misión y enfoque (normalmente suele ser el punto donde sus talentos y pasión cubren las necesidades del mundo). La vida sin sentido, o sin conocer su propósito en la tierra, llega a ser algo soso y aburrido, no importa cuán ricos puedan ser en bienes terrenales. No hay nada que levante la pasión en vida tanto como sentir la sonrisa de Dios en su trabajo, su arte, sus conexiones humanas.

12. Plantéense comer con otras personas en lugar de comer en el auto cualquier cosa prefabricada. Vayan a un lugar con un gran bufete de ensaladas para almorzar con su pareja o sus amigos. No coma a solas cada día; salga con otros a desayunar o a almorzar al menos un par de veces por semana. Invite a otros a jugar a las cartas acompañados de unos aperitivos y un poco de vino, o pida espontáneamente a los vecinos que vengan a tomar café y un postre. Sean una pareja acogedora, que amplíe su mesa para incluir a familia y amigos cuando puedan. Sí, es un poco trabajoso preparar, servir y limpiar cuando tienes gente en casa, pero piensen en todo el ejercicio que están haciendo de manera natural, además de los beneficios para el ánimo y la salud, que enriquecen sus vidas y su pasión por las personas.

13. Prueben un nuevo deporte o actividad física juntos, algo que nunca hayan hecho antes. Un pequeño riesgo y sentido de aventura aumenta la sensación de estar vivos. Podrían hacer una caminata hasta un lugar nuevo, probar una tirolina, aprender a jugar al tenis o tomar unas clases de ejercicio (yoga, *spinning*, danza o aerobic acuático, por ejemplo). Pongan una red de

voleibol o de bádminton, o jueguen al *croquet* en el patio en los meses de buen tiempo, para animar a toda la familia a flexionarse, estirarse y moverse.

CAPÍTULO 8

EL SECRETO DE FUNDIR
LO SAGRADO Y LO SEXUAL

Las muchas aguas no pueden apagar el amor,
*   ni los ríos pueden ahogarlo.*
Si un hombre tratara de comprar amor
*   con toda su fortuna,*
*   su oferta sería totalmente rechazada.*

—CANTARES 8.7

Mi país mediterráneo favorito es, con diferencia, Israel. Misty y yo hemos visitado Tierra Santa, por separado. Nos hemos marcado el propósito de llevar a cada uno de nuestros hijos a un viaje internacional con nosotros cuando acaben la secundaria. Llevé a nuestra hija mayor, Madeline, a Israel y la bauticé en el Jordán. A Carter lo llevé conmigo a Australia a unas charlas que tenía programadas. El siguiente fue James, a quien llevé a Israel y Jordania. Una mañana, James y yo disfrutábamos de una taza de café en nuestra tienda en Petra, Jordania, acampados junto al famoso templo cavado en la roca donde se rodaron varias escenas icónicas de *Indiana Jones y la última cruzada*. Más tarde tuve el privilegio de bautizar a James también en el río Jordán, tras lo cual hicimos una fascinante excursión por las excavaciones de la Puerta de Salomón en Tel Gezer.

Misty y yo siempre hemos estado fascinados con el rey Salomón, autor de tres de mis libros favoritos de la Biblia: Eclesiastés, Proverbios y Cantar de los Cantares, más conocido como Cantar de Salomón. Este rey fue famoso por su gran sabiduría, y su nombre significa «paz». Eclesiastés es un libro en el que Salomón habla de la búsqueda de sentido en su vida libre de restricciones; en sus muy agudas observaciones descubre que no hay otra conclusión que temer a Dios y guardar sus mandamientos (Ec 12.13). Proverbios es un libro lleno de sabiduría práctica para llevar una vida equilibrada y con sentido. Y Cantares es un libro escrito para elogiar sin tapujos el amor profundo, comprometido y fiel, y el sexo (sexo entusiasta, sexo conforme al diseño de Dios, sexo que une a una pareja y rompe barreras mejor que nadie, sexo que te deja mejor, más lleno, más sano, y con ganas de volver por más).

LA ODA DEL REY SALOMÓN AL AMOR SENSUAL

Se decía que el rey Salomón había escrito un millar de poemas, pero el que compuso en el Antiguo Testamento se considera *la crème de la crème* de sus poemas de amor: Cantar de los Cantares. En su interpretación más sencilla, es un poema amoroso al primer amor de Salomón, la mujer sulamita que se convirtió en su esposa. Es imposible no fijarse en que Salomón no escatima palabras al escribir sobre el seductor cuerpo de su bella novia, de la cabeza a los pies. Y ella responde a su vez elogiando los rasgos masculinos de él. Sobre su prometida, Salomón escribe:

> *¡Cuán bella eres, amada mía!*
>> *¡Cuán bella eres!*
> *Tus ojos, tras el velo, son dos palomas.*
> *Tus cabellos son como los rebaños de cabras*
>> *que retozan en los montes de Galaad.*
> *Tus dientes son como ovejas recién trasquiladas,*
>> *que ascienden luego de haber sido bañadas.*
> *Cada una de ellas tiene su pareja;*
>> *ninguna de ellas está sola.*

Tus labios son cual cinta escarlata;
    tus palabras me tienen hechizado.
Tus mejillas, tras el velo,
    parecen dos mitades de granadas.
Tu cuello se asemeja a la torre de David,
    construida con piedras labradas;
    de ella penden mil escudos,
    escudos de guerreros todos ellos.
Tus pechos parecen dos cervatillos,
    dos crías mellizas de gacela
    que pastan entre azucenas.

— CANTARES 4.1-5

La novia de Solomon abunda igualmente en metáforas al alabar el cuerpo de su esposo.

Mi amado es blanco y rubio,
Señalado entre diez mil.
Su cabeza como oro finísimo;
Sus cabellos crespos, negros como el cuervo.
Sus ojos, como palomas junto a los arroyos de las aguas,
Que se lavan con leche, y a la perfección colocados.
Sus mejillas, como una era de especias aromáticas,
    como fragantes flores;
Sus labios, como lirios que destilan mirra fragante.
Sus manos, como anillos de oro engastados de jacintos;
Su cuerpo, como claro marfil cubierto de zafiros.
Sus piernas, como columnas de mármol fundadas
    sobre basas de oro fino;
Su aspecto como el Líbano, escogido como los cedros.
Su paladar, dulcísimo, y todo él codiciable.
Tal es mi amado, tal es mi amigo,
Oh doncellas de Jerusalén.

— CANTARES 5.10-16 RVR1960

En este poema hay gran cantidad de bellas metáforas referidas a todas las partes sensuales y sexuales del cuerpo humano.

¡Y Dios dice que es bueno! ¡Nos creó y diseñó para el placer! No puedo evitar preguntarme cuántos problemas se habría evitado Salomón, y cuántos bellos poemas habría escrito, si hubiera profundizado en la belleza de esta mujer, y solo de ella, toda su vida. Pero hasta el hombre más sabio se dejó llevar por los excesos de su riqueza y poder hasta acumular setecientas esposas y trescientas concubinas. Y la Biblia dice que, más adelante: «En efecto, cuando Salomón llegó a viejo, sus mujeres le pervirtieron el corazón de modo que él siguió a otros dioses, y no siempre fue fiel al SEÑOR su Dios como lo había sido su padre David» (1R 11.4). La mayor parte de su sabiduría le llegó en la etapa final de su vida, años en los que habría escrito el libro de Proverbios. Y en este libro, que es una carta a su hijo, casi le suplica que sea más sabio en cuanto al amor. Salomón insta a su hijo: «¡Goza con la esposa de tu juventud! Es una gacela amorosa, es una cervatilla encantadora. ¡Que sus pechos te satisfagan siempre! ¡Que su amor te cautive todo el tiempo!» (Pr 5.18-19). Observa que Salomón no dice «esposas», sino «esposa». A veces la sabiduría llega en retrospectiva, a partir de años de errores y desvíos, y de sus consecuencias. Creo que Salomón se lamentó de sumar tantas esposas a su harén en su insaciable búsqueda del placer, y que siempre miró con pena y nostalgia a los días de su juventud y a ese amor y sexo puro, libre, fabuloso, inocente, bendito y sagrado entre un joven rey locamente enamorado y su esposa sulamita. Si Salomón hubiera puesto tanta energía en su relación con su primera esposa como la que puso en construir su reino, su harén y su ego, habría hallado la felicidad que tantos años le fue esquiva. Su libro Eclesiastés trata sobre la futilidad de «correr tras el viento» de la sobreabundancia de riquezas y el exceso sexual; es una advertencia de que una vida que no tiene a Dios en el centro carece de sentido.

LA PASIÓN ALIMENTA LA PASIÓN

Hemos hablado mucho sobre cómo la pasión en toda la vida aumenta el deseo recíproco en la pareja. Pero lo opuesto es también verdad: el sexo entre un marido y una esposa que se aman tiene un efecto dominó de pasión para el resto de nuestra vida. Dios puso un sistema de bucle que nos llena continuamente de hormonas de pasión, felicidad, motivación y tranquilidad que nos mantienen conectados el uno al otro y enamorados de nuestras vidas. Y, cuando la vida te patea la cara, mejor sigue leyendo esto antes de ir directo por un antidepresivo. Porque sexo con amor puede ser exactamente lo que el doctor te mande para aliviar el dolor emocional y volver a sentir alegría. Una de las razones por las que la Biblia (Antiguo y Nuevo Testamento) y el Talmud (enseñanzas y leyes rabínicas ortodoxas) animan a las parejas a juntarse con regularidad para hacer el amor es porque el sexo es un regalo de Dios para nosotros que nunca se acaba, en un ciclo sin fin de bienestar en espiral creciente. El sexo en amor aumenta tanto nuestra energía como nuestro deseo de vivir con pasión, y, cuando disfrutamos y saboreamos la vida plenamente, nos encontramos deseando más el sexo.

BENEFICIOS DE LA PASIÓN SEXUAL PARA LA SALUD

Tocarse, besarse y hacer el amor son actos que liberan en nuestro sistema hormonas que nos inundan de energía positiva y aumentan nuestra pasión por el día. ¿Nunca te has fijado en cómo, después de practicar sexo por la mañana, un hombre se siente de pronto listo para «matar al oso» o abordar un proyecto en el trabajo? Esa rapidez con la que uno

Reglas judías para el sexo que te sorprenderán

Estas son algunas enseñanzas rabínicas interesantes sobre el sexo en el matrimonio. Lo que me pareció fascinante es cómo en la cultura judía el sexo debe centrarse en la mujer, cómo todo gira en torno al placer de ellas. Quizás sea porque, si al hacer el amor la mujer disfruta, automáticamente el hombre llegará al éxtasis.

Un hombre nunca fuerza a su esposa a tener sexo.

Marido y esposa no pueden tener sexo si están borrachos o peleados.

Es una grave ofensa utilizar el sexo para castigar o para manipular a un cónyuge.

El sexo es un derecho de la mujer, y no un derecho del hombre.

El hombre tiene el deber de dar regularmente sexo a su esposa y de asegurarse de que le resulte placentero.

El sexo nunca se utilizará como arma, ni privando de él a tu pareja ni obligándola a tenerlo. Ni persuasiones agresivas, ni amenazas. Usar el sexo como manipulación se considera sencillamente malo y pecaminoso.

El varón está obligado a observar en su esposa los signos de que desea contacto, intimidad y consumación, y a brindarle placer sin que tenga que pedirlo.

El sexo es uno de los tres derechos fundamentales de la mujer en el matrimonio que un marido no puede menoscabar.

Y el Talmud especifica la calidad y cantidad de sexo que un hombre debe dar a su esposa.

El marido no puede hacer voto de abstinencia sexual durante un largo periodo de tiempo.

La negativa constante de un marido a mantener relaciones sexuales es causa válida de divorcio.

Él no puede hacer un viaje que dure demasiado tiempo, porque podría privar a su esposa de una relación sexual. De hecho, hay un texto antiguo que dice que, si un hombre tiene una oportunidad de ganar más dinero, pero eso implica viajar lejos de su esposa en lugar de trabajar en su pueblo, ella tiene derecho a decirle que no. Si ella no quiere que vaya porque eso destruiría o debilitaría el vínculo marital, él no puede ir.[2]

En muchos grupos del judaísmo, las mujeres se educan de manera que valoren su libido y se vean a sí mismas como criaturas altamente sensuales que necesitarán y querrán ser complacidas de manera regular por su esposo. Se les enseña que es un acto sagrado, gozoso y santo que honra a Dios. La perspectiva general de la cultura es que el deseo de una mujer es mayor que el de un hombre. ¡Qué interesante diferencia con respecto al pensamiento occidental!

puede pasar de hacer el amor a entusiasmarse con empezar un proyecto es algo que a veces puede herir los sentimientos de una mujer. No es que el marido ya haya conseguido lo que quería, se aburra de su esposa y esté listo para cambiar de marcha. Es que su esposa ha llenado su depósito físico, emocional y mental y le ha dado energía suficiente para sentirse capaz de conquistar el mundo. Por la noche, sin embargo, el alivio sexual suele llevar al hombre a dormirse, en un sueño satisfecho. El cuerpo de una esposa movido por el amor tiene un gran poder para motivar a su marido y aumentar su confianza, así como para ser un lugar confortable y suave al que venir cuando necesita relajarse.

Además de beneficios emocionales, hay también ventajas para la salud y la longevidad. Por ejemplo, se ha descubierto que el sexo tres veces a la semana reduce a la mitad el riesgo de ataque cardíaco en el varón; se ha comprobado que ayuda a prevenir el cáncer de próstata; y los hombres que tienen orgasmos frecuentes tienen una vida sensiblemente más larga que los que practican sexo con escasa frecuencia (¿te acuerdas de los icarianos, tan longevos y activos sexualmente?). No hay duda: el sexo con regularidad es una buena medicina para el varón.

Pero tal vez te sorprenda saber que el sexo es una medicina igualmente buena, si no mejor, para la mujer.

Las mujeres, después del sexo, a menudo se sienten más relajadas y conectadas con su hombre, cuando se libera la «hormona abrazo» de la oxitocina. De hecho, los estudios muestran que, después de tener relaciones, muchas mujeres sienten un alza eufórica en su ánimo y perciben una reducción en el dolor físico y emocional. De hecho, la oxitocina liberada en el orgasmo de una mujer la relaja, actúa como un analgésico suave, y ayuda incluso en los problemas menstruales. La precipitación orgásmica de sangre en su cuerpo ayuda a eliminar muchas toxinas. Y, por si eso no es suficientemente motivador, un estudio dirigido por el Royal Hospital de Edimburgo descubrió que las mujeres que tenían orgasmos frecuentes parecían, por término medio, diez años más jóvenes.[1]

Y tú que creías que los milagros antienvejecimiento venían en caros frascos de loción de belleza.

Resulta que el mejor embellecedor antiedad es gratis y está en el confort de los brazos de tu esposo.

Un interesante matiz final a observar es la manera en que una mujer puede sentirse realizada al proveer conexión y amor sensual en los que su marido halle descanso. Misty y yo compartimos una referencia privada, que al aparecer en esta página dejará de serlo. Pero, cuando me siento decaído y preocupado, Misty se da cuenta y, con voz compasiva y mirada sugerente, me insinúa: «Tal vez sea hora de un poco de terapia». La amo por cómo sabe que, cuando me siento desconectado y un poco perdido, entrar en ese momento de hacer el amor y conectar con mi esposa me reorientará, ayudándome a sentirme amado, acogido y aceptado en el nivel más profundo. Estos dulces momentos aportan una solución a los problemas de mi alma, junto a la persona que más amo.

HACER EL AMOR: UNA PERSPECTIVA JUDÍA

Hay una expresión en el Antiguo Testamento que muchos ven como un eufemismo para referirse al sexo: «se conocieron». Pero lo que esto significa para la mente hebrea es que, cada vez que una pareja hace el amor, llegan a conocerse un poco más profundamente. Sus cuerpos y sus almas se juntan y se funden. Lo físico y lo emocional coinciden, y la pareja experimenta una unidad más y más profunda, o, como comentamos en el capítulo 2, una sintonización más profunda.

¿Nunca has tenido una experiencia anímica durante el acto sexual? ¿Un momento en que se miraron a los ojos y sintieron que no solo estaban uniéndose dos cuerpos, sino también dos corazones? Este es el sexo *gourmet*: una fusión de lo sagrado y lo sexual. ¿Recuerdas cuando en el capítulo 4 teorizaba sobre que la adicción estadounidense a la comida basura no se debe únicamente a que valoramos demasiado la comida, sino a que la valoramos demasiado poco? Cuando la comida se honra y se saborea, uno no busca unas papas fritas y una hamburguesa para llevar. Los sibaritas tienden a celebrar y disfrutar todos los momentos que conducen a la comida: el mercadillo campestre, la preparación, el cocinado y el servicio, para culminar con el instante en que prueban aquello por lo que habían estado esforzándose con tanto deseo. De un modo similar, creo que hay miles de adictos a la pornografía en la red no porque aprecien y disfruten demasiado el sexo, sino porque lo aprecian y disfrutan demasiado poco. Se sirven sexo de hamburguesería para llevar en lugar de sexo bendecido por Dios, íntimo, *gourmet*. Hacer el amor con tu mejor amiga, tu alma gemela y compañera es más que diversión física; es un placer integral, santo. ¡Impregna cada célula de tu cuerpo, haciendo que te sientas contento de estar vivo!

EL SEXO COMO MITZVÁ

En la tradición cristiana, tenemos sacramentos en nuestras iglesias, cosas como la comunión y el bautismo. En la tradición judía, los actos o rituales sagrados se llaman «mitzvá» (ceremonias que hacen que las personas se acuerden más de Dios y se unan más estrechamente a él). En el judaísmo, hacer el amor se consideraba una mitzvá, un ritual santo entre el marido y a la esposa, dado por Dios para regularmente estrechar más su unión entre ellos y con Dios. Los cristianos toman la comunión para recordar el sacrificio de Cristo y su amor por nosotros. Al recordar hasta qué punto fuimos amados y perdonados, salimos de la mesa del pan y el vino renovados en espíritu. En la tradición hebrea, los hombres y las mujeres experimentan una mitzvá, una sagrada comunión de espíritu, mente y cuerpo, al hacer el amor. Y salen del lecho matrimonial renovados en todos los niveles.

Uno de los rituales sagrados del judaísmo implica la observancia del *sabbat*, que comienza dieciocho minutos antes del ocaso el viernes por la noche. Si has visto el musical o la película *El violinista en el tejado*, recordarás esa bella y profunda escena en la que de repente se detiene toda la actividad en la cocina, hay un alto en todas las conversaciones, justo antes de que el sol se ponga. La comida está preparada, la mesa está puesta y la familia se reúne en torno a ella. El padre, Tevye, se pone su kipá, un gorro para orar; la madre, Golda, se coloca un chal de oración y enciende dos velas (una simboliza «recuerden el *sabbat*» y la otra, «manténganlo santo»). Ella agita lentamente las manos tres veces sobre las velas, en símbolo de recibir al *sabbat* como quien da la bienvenida a casa a una reina. En la película, el padre y la madre cantan una oración del *sabbat* a sus hijas, como una bendición (busca en Google «oración del *sabbat*, violinista en el tejado», y te saldrá un video de YouTube con la escena. Si no la has visto, es un momento de gran belleza cinematográfica, y vale la pena verlo para imaginar el ambiente en torno a la mesa de *sabbat*).

En los hogares judíos tradicionales, el *sabbat* se abre con una oración de bendición: «Bendito eres tú, *HaShem*, Dios nuestro, Rey del universo, que nos ha santificado con sus preceptos y nos ha ordenado encender la vela de *sabbat*». Mantienen los ojos cerrados mientras se rezan las bendiciones sobre los hijos y por cualquier otra necesidad. Después, el marido se coloca detrás de su esposa, pone sus manos en sus hombros y canta *Eshet Chayil* («mujer virtuosa»). Está tomada del último capítulo de Proverbios, veintidós versos que ensalzan la bendición de tener una buena esposa. Comienza con «Mujer virtuosa, ¿quién la hallará? Porque su estima sobrepasa largamente a la de las piedras preciosas» (RVR1960).

De esta manera, el marido honra a su esposa cada semana, recordando para sí y para sus hijos la bendición de que ella esté en sus vidas. Apenas alcanzo a imaginar cómo eleva esta tradición la autoestima de una mujer, dando entrada a sentimientos de cariño y orgullo, y de conexión con su esposo, y cómo dicha oración le recordaría al marido durante la semana la bendición que su esposa significa para él (esto tiene que hacer a un hombre pensar en cómo trata a su esposa desde el domingo hasta el jueves).

Más tarde, en la privacidad de su alcoba, en una pareja judía tradicional se leerían el uno al otro fragmentos del Cantar de Solomon, y después harían el amor. De hecho, los antiguos rabinos darían una bendición que animase a todas las parejas casadas a hacer el amor en el *sabbat* como preparación para la adoración de la mañana del sábado. ¿Ves esta hermosa fusión de lo sagrado y lo sexual? ¿Cómo lo uno estimula lo otro? La ceremonia del *sabbat* prepara a una pareja para relajarse, dejar a un lado el trabajo y las ocupaciones, gozar de una buena comida (crear las condiciones iniciales para el acto amoroso). Entonces, el sexo sin prisas de la noche del viernes prepara a la pareja para disfrutar más plenamente del sábado de reposo y adoración, para disfrutar de sentirse emocional, espiritual y físicamente conectado el uno al otro a lo largo del día.

¿Te haces una idea de la cantidad de pequeñas desavenencias que las parejas podrían evitar si supieran que todos los viernes por la noche el mundo se detiene? ¿Y que el sábado también se vive sin prisas, como el regalo de una jornada completa para adorar, leer, conversar, dormir una siesta, comer sobras (no se cocina), sin la más mínima presión para hacer la colada, pagar las facturas o segar el césped? Me pregunto si este ritual por sí solo bastaría para dejar sin trabajo a muchos terapeutas matrimoniales. El doctor Earl Henslin, terapeuta matrimonial y experto en el cerebro, escribió sobre este gratísimo recuerdo, compartido por una de sus pacientes, en el libro *This Is Your Brain in Love* [Este es tu cerebro cuando está enamorado]:

> Cuando estaba en primaria, mi mejor amiga era judía. Me encantaba cuando me quedaba en su casa la noche del viernes. Todos los viernes por la noche cenábamos en el comedor, y sacaban la mejor vajilla. El papá regresaba a casa del trabajo, subía, se duchaba y se cambiaba para lucir un buen traje. Entonces la mamá subía, se duchaba y regresaba con un vestido hermoso, y recuerdo que llevaba un velo de encaje sobre su rostro.
>
> En el momento en que su mamá entraba en el comedor, su papá se levantaba, apartaba una silla, y ella se sentaba. Me encantaba verlo tan galante con su esposa. Y entonces venían las oraciones, y las Escrituras. Cuando acabábamos la cena, veíamos cómo sus padres se iban al piso de arriba, tomados del brazo, mirándose como adolescentes locamente enamorados. A los niños entonces les entraba una risita nerviosa mientras llevaban la vajilla a la cocina y comenzaban a lavar

los platos como les habían enseñado que se hacía en viernes, para permitir que sus padres tuvieran su «tiempo a solas».[3]

¡Esta escena podría por sí sola ser suficiente para tentar a muchas esposas cristianas a convertirse al judaísmo! Pero, mejor aún, ¿por qué no adoptar algunos de los elementos de la tradición judía, que es también nuestra herencia cristiana, y traerla a nuestros hogares?

Como sabes, estoy totalmente a favor de ahorrar y buscar descuentos y ofertas en la Internet para disfrutar de escapadas románticas. Pero cómo nos tratamos como pareja en casa, día a día, es aún más importante. No solo por nosotros, sino por nuestros hijos, que observan la demostración de cómo es un buen matrimonio en el día a día. Si los niños se despiertan cada mañana y nos ven en nuestra sala de estar, leyendo la Biblia, compartiendo el uno con el otro y mostrando nuestro amor por Dios y por nuestra pareja, llegan a confiar en la solidaridad de nuestra conexión. ¿Conoces el viejo dicho de que más vale dar ejemplo que dar lecciones? Los niños no oirán lo que les dices si no lo estás poniendo en práctica delante de ellos. Cuando noto que Misty está luchando con un plazo de entrega o se siente sobrecargada, los niños me verán hacerme cargo de la cocina, hacer la cena y preparar sus almuerzos para la escuela con una actitud alegre. También nos ven coqueteando, bailando y divirtiéndonos. Ven cómo nos acariciamos o besamos de manera improvisada, o cómo nos guiñamos y nos dedicamos sonrisas cómplices el uno al otro. Nada de lo que Misty y yo podamos decirles los preparará para un buen matrimonio tanto como lo que hacemos y cómo nos comportamos delante de ellos.

EL MISTERIO DEL RECATO

Todo el problema del matrimonio está en que es…
condenadamente legal. Es algo que podemos permitirnos.
Por eso en la ley judía se mezcla lo prohibido con lo legal,
y eso contribuye a un matrimonio mucho más erótico.

— RABINO SHMUEL BOTEACH

Imagínate cómo habría sido el sexo con tu esposa en los tiempos bíblicos. Los hombres no estaban constantemente recibiendo imágenes de mujeres con poca ropa desde las carteleras, desde la tele o incluso al pasear por un centro comercial, imágenes que estimulan (o cauterizan) la libido. Los hombres no veían mucho de la figura de una mujer bajo sus largos vestidos y velos, y, por supuesto, bajo sus códigos culturales de recato.

Entonces el marido vuelve a casa y ve que su esposa, como sin querer, se levanta el chal para dejar ver un hombro. Se lo deja caer un poco para revelar más del esplendor de su figura femenina. Y lo que ella está haciendo es desenvolver el único cuerpo de la única mujer desnuda que él tendrá el placer de contemplar, jamás. La piel suave de su esposa será la piel de la única mujer que tocará; él no tiene en su mente nada comparable que compita con su esposa. Ella es su mujer única y digna de honor, y, si él le da cariño, como se espera de cualquier hombre, ella se siente valorada. Le encanta que la mire y la admire, no se siente un objeto, porque él sencillamente está adorando un tesoro y no la está comparando con otras, no la está degradando ni utilizando.

Tal vez hayas oído hablar del rabino Shmuel «Shmuley» Boteach, uno de los rabinos más populares, más influyentes (y polémicos) de Estados Unidos en la actualidad. Tenía un programa de radio y televisión (*Shalom in the Home*, Shalom en el hogar) y ha escrito treinta y tres libros, incluyendo varios sobre el matrimonio y la pasión desde una perspectiva judía. Es cualquier cosa menos tímido a la hora de explicar por qué cree que muchas de las tradiciones y de las prácticas sagradas judías son realmente secretos para una vida más apasionada como marido y esposa. Además de los códigos generales de recato de los matrimonios judíos ortodoxos, hay doce días cada mes en los que una esposa judía no está disponible para el sexo con su marido. Y esto a menudo incluye la prohibición de besarse o tomarse de la mano. Nada físico. Sin embargo, pueden hablar en la intimidad sobre cualquier cosa.

El rabino Shmuley afirma que eso tiene varios beneficios. Durante los doce días en los que ella le es a su esposo tan inaccesible como lo sería para un extraño, hay un deseo por lo prohibido que hace que todo esté más cargado de erotismo: «De repente te ves esforzándote por echar una ojeada a tu esposa cuando está en la ducha. Te ves estudiando el sujetador de encaje negro que se dejó fuera de la ducha [...]. Antes, cuando ella estaba disponible, podría andar desnuda por el cuarto y tú seguirías leyendo el *Wall Street Journal*. Ahora, cuando se inclina, totalmente cubierta, diriges una mirada furtiva a su escote. Es genial. Y picante. Imagina».[4]

Créeme, yo no estoy muy predispuesto a perderme la intimidad con mi esposa dos semanas al mes, pero creo que las parejas pueden mantener un cierto aire de misterio, al menos de vez en cuando, para conservar la pasión en su matrimonio. Si una pareja tiene que superar dificultades para estar juntos, eso incrementa la diversión (¡y el alivio!) cuando por fin consiguen juntarse (para muchas parejas, son los hijos quienes muy a menudo crean esas dificultades). Las parejas que destacan en el arte de la seducción conservan un divertido elemento de búsqueda en su matrimonio, y, sin ser conscientes de ello, usan elementos de lo prohibido para aumentar el deseo.

¿Cómo añadir ese toque divertido de misterio y alusiones a lo prohibido en una pareja de casados? ¡Aquí tienen algunas ideas para poner en marcha sus mentes creativas!

- Esposas, díganle a su marido que quisieran encontrarse con él para cenar en un nuevo restaurante al que nunca han ido. Vístanse para impresionarlo. Acudir en autos separados puede aumentar la sensación de encuentro con alguien nuevo; le añade la emoción de descubrir a su pareja en el restaurante, en lugar de ver cada uno cómo se viste el otro y acudir juntos al restaurante. Eso le añade un pequeño toque de descubrimiento y sorpresa que puede potenciar los sentimientos de pasión. Luego, en algún momento durante la cena, cuéntenle que tienen la maleta hecha y que han reservado habitación en un hotel local para esa noche (y, si tienen hijos, que lo han arreglado todo para que se queden con un amigo o pariente). Eso de pasar la noche juntos en un hotel tiene algo muy, pero que muy, erótico. Un dormitorio, una cama y un escenario distintos añaden elementos sorpresa que nos ponen a tono para el amor.

- O el marido podría preparar la noche de hotel sorpresa y luego contárselo a su esposa, que tal vez esté agotada de cuidar a los niños: «He reservado una habitación para esta noche, solo para nosotros. Y mañana por la mañana iré a casa y llevaré a los niños para desayunar y te dejaré disfrutar durmiendo. Pide que te lleven el desayuno a la cama. Tómate tu tiempo para descansar y mimarte». No te olvides de preparar su maleta con todo lo esencial para una noche, o planifica pasar por casa para improvisar juntos una bolsa de viaje.

- Reúnete con tu marido en su oficina, a última hora, momentos antes de que todo el mundo se vaya a casa. Lleva un poco de comida preparada para sorprenderlo. Ponte algo de lencería sexi debajo de un vestido fácil de quitar. Pon una manta en el piso como si fueras a preparar un picnic. Una vez que estés segura de que no hay nadie más en el edificio, cierra la puerta de la oficina, quítate lentamente el vestido y hazle saber que, en realidad, el primer plato esa noche eres tú.

- Refuercen su halo de misterio leyendo o aprendiendo algo nuevo e interesante que compartir. Escuchen las cintas de audio o *podcasts*, o charlas de TED, vayan a una conferencia o a un seminario a aprender sobre algo que les fascine. Es decir, mantengan el interés en la vida y en aprender cosas nuevas, así seguirán siendo interesantes para el otro. Tu pareja se preguntará siempre en qué estás pensando, qué estás descubriendo, y nunca te quedarás sin cosas nuevas que comentar, sin nuevas profundidades a explorar.

- Aunque pasar mucho tiempo juntos es una bendición en el matrimonio, también necesitamos nuestros momentos separados para mantener un poco de misterio. Cuando una esposa llega a casa después de una noche afuera con las chicas, con aspecto de estar feliz y luciendo magnífica, la mayoría de esposos no podrá evitar preguntarse: «¿De qué habrán hablado estas chicas? ¿Habrá intentado algún hombre conquistar a mi esposa en mi ausencia?».

La velada en su totalidad representa un misterio para él, y eso hace que ella sea de repente muy seductora. Cuando un marido asiste a un retiro de iglesia para hombres, la esposa se estará muriendo de curiosidad por saber qué hacen y de qué hablan los varones cuando no hay mujeres cerca. ¿Cómo se relacionan? ¿Qué hacen para divertirse? Y toda esa curiosidad enciende sentimientos de pasión. Por tanto, un tiempo separados, sobre todo si es para esparcimiento, renovación, aprendizaje o crecimiento personal, les dará más misterios sorprendentes que comentar cuando vuelvan a reunirse.

LA AUTENTICIDAD ES ATRACTIVA

El rabino Shmuley también cree que el elemento más erótico y fascinante con dos personas juntas es que abran sus corazones. Él cree que esto es parte de lo que estrechó el lazo entre Adán y Eva, en su estado de desnudez física y emocionalmente inocente en el jardín del Edén. El rabino dice sobre las personas de corazón inocente y abierto: «Gracias a que sus almas son translúcidas, puedes ver a través de su esencia. Las personas inocentes nos desarman. Como son tan naturales, nos invitan a ser igualmente naturales con ellos, permitiendo que se ponga de manifiesto lo más profundo de nuestro yo. La inocencia tiene que ver con vivir honestamente, sin pretender estar felices o afligidos cuando no lo estamos». Lo que Shmuley llama «inocencia» yo lo llamo «autenticidad». Sea como sea, de lo que estamos hablando es de ser abiertos, sinceros y vulnerables el uno con el otro. Los niños normales y sanos son así de manera natural. No hay fingimientos, no hay juegos ni ocultación emocional. Son auténticos.

¿Recuerdas cómo, en nuestra primera cita, Misty pidió un filete sin el menor atisbo de timidez? Ella era quien era. Pidió lo que le apetecía. Ni se le ocurrió pedir otra cosa. Creo que su pura y honesta manera de ser una chica del Medio Oeste fue lo que me enamoró. Su belleza era deslumbrante, desde luego, pero en el sur de California, donde los valores son tan superficiales y las mujeres están más preocupadas por su apariencia que por su verdadera identidad, Misty entró en mi corazón como una brisa fresca y reconfortante. Me pareció cautivadora.

Es importante ser quien realmente eres desde el principio de la relación, de modo que la persona que se enamora de ti se enamore de tu verdadero yo. ¿Nunca se han fijado en que cuando los dos tienen una discusión real, sincera, diáfana, de las que destapan el alma, se sienten más atraídos el uno al otro? Nos atraen las personas que son abiertas, vulnerables y reales con nosotros (nota: por eso muchas relaciones físicas comienzan con conversaciones íntimas, auténticas, entre amigos de distinto sexo; usen esta importante información para crear las condiciones para una intimidad, pasión y romanticismo crecientes en su matrimonio). Bajar las defensas el uno con el otro en una conversación amorosa, sincera y vulnerable conduce con frecuencia a la intimidad física y emocional. Una maravillosa progresión natural entre cónyuges que son amigos y amantes.

POLARIDAD

El rabino Shmuley cree que, para que la atracción se mantenga fuerte en un matrimonio, tiene que haber una polaridad fuerte, dos polos magnéticos altamente cargados y muy distintos. Los hombres tienen que sentirse hombres. Y las mujeres deben celebrar que son mujeres. Un exceso de uniformización de los sexos en el matrimonio lleva a una menor tensión y atracción sexuales entre los cónyuges. Esta es una de las razones por las que los hombres y las mujeres judíos ortodoxos se sientan en lugares separados en la sinagoga y sus hijos van a escuelas de niños o de niñas. Esta segregación no se hace para eliminar la tentación o para que un género sea más fuerte que el otro. Sirve para mantener un aire de misterio, de carácter especial, y de fascinación con respecto al sexo opuesto. Es una manera de elevar el misterio de lo masculino y lo femenino en la cultura. Los imanes pueden perder su polaridad, su poder de atracción, si se almacenan juntos demasiado a menudo. La práctica de la separación en la cultura judía es en la práctica una manera de mantener la fuerza del magnetismo entre hombres y mujeres.

Cuando Dios creó al hombre y la mujer, conforme a la creencia de los judíos, lo hizo de manera que el marido y la esposa anhelasen y necesitasen lo que el otro aportaba, para crear «una unión más perfecta», por así decirlo. Y este impulso para ser completo es lo que produce la atracción.

¿Nunca has observado una relación que hubiera perdido el empuje de la atracción y ya no tuviera seducción ni chispa? Una pareja amiga, quizás, en la que sabías que ya no tenían el fuego del amor.

Un buen amigo me contó: «En mi primer matrimonio, mi esposa se acostaba cada noche con una prenda deportiva. Estaba orgulloso de que fuera una atleta, pero ella solía usar su necesidad de hacer ejercicio temprano como argumento para evitar la intimidad por la mañana. Y, como tenía que levantarse a las cuatro de la madrugada para su entrenamiento, tenía que irse a la cama muy pronto (a las siete y media), así que no había ocasión para hacer el amor por la noche. Tenía una fuerte necesidad de tener la razón en cualquier asunto, y, cuando yo sacaba a colación un tema que le resultaba incómodo, me decía: "Dame un respiro", y, con esas palabras, el tema quedaba zanjado. Pronto me di cuenta de que en mi matrimonio no tenía sentido promover una discusión abierta y sincera sobre la intimidad. El sexo estaba en su agenda, una vez a la semana, durante el fin de semana; o eso o nada. Si yo me atrevía a seducirla, abrazarla o besarla en algún día que no fuera el "señalado para el sexo", apagaba el fuego al instante con malas maneras. Me criticaba en aspectos que dañaban mi masculinidad. Insistía en que orásemos juntos, de rodillas, todos los días, y yo lo hacía, esperando quizás que la intimidad espiritual pudiera llevar algún día a la intimidad física. Pero eso no me hizo sentirme más cercano a ella como amante. Disfrutábamos al ver los deportes juntos, algo que habría sido muy divertido si también le hubiera gustado que nos acurrucáramos juntos en el sofá mientras animábamos a nuestros equipos favoritos, o que fuésemos tomados de la mano cuando íbamos a un partido. Pero de eso nada. Ella nunca quería "pasarse con los adornos", como tantas mujeres sí hacen. Estaba viviendo en un matrimonio insulso, uniforme, en el que me sentía castrado e impotente para cambiar la dinámica entre nosotros. Ella no sabía hacer que me sintiera como un hombre, y yo me rendí en cuanto a intentar hacerla sentirse como una mujer, puesto que todos mis esfuerzos en ese sentido fracasaban o resultaban contraproducentes. Con el tiempo, nuestro matrimonio murió, no por el enojo ni por ningún drama, sino de tedio y aburrimiento».

El matrimonio de mi amigo perdió su carga magnética, si es que alguna vez la tuvo.

No digo que la feminidad siempre se represente con una mujer con vestido y tacones, que expresa admiración a su hombre con aleteo de pestañas. Porque a veces la feminidad puede manifestarse en una mujer que marca un gol en un campo de fútbol. Y a veces la masculinidad puede verse en un hombre que cambia el pañal de un bebé o que prepara unas tortitas. Lo importante es esto: un hombre debe sentirse hombre, estar cómodo en su piel masculina, y una mujer debe ayudarlo a estar contento de ser un varón. También, una mujer debe «disfrutar de ser chica», amar la piel femenina en que vive. Y su hombre debe animar y honrar sus dones femeninos. La manera en que esto se haga visible en unas parejas y otras puede ser diferente, pero es vital que ustedes descubran la manera de mantener la fuerza de la atracción magnética entre los dos.

Trece maneras de fundir lo espiritual y lo sexual junto a la persona amada

1. Lean y estudien juntos el Cantar de los Cantares. Tal vez quieran complementar su estudio con algunos comentarios, como *Song of Solomon*, de David Hubbard, *Cantar de los cantares: letras de amor*, de Tom Gledhill, o *Solomon on Sex*, de Jodie Dillow. Si se sienten cómodos con ello, escríbanse un poema de amor el uno al otro, describiendo lo que encuentran más irresistible en el otro. No sé por qué tantos talleres seculares suelen usar como texto de referencia el libro hindú del *Kama Sutra* e ignoran uno

de los más bellos y antiguos «manuales de sexo» de todos los tiempos: el Cantar de los Cantares de Salomón, de la Biblia.

2. Dediquen un presupuesto a la lencería. Vestiduras, ropas, atavíos, vestidos, redecillas, adornos... son todas palabras que encontramos en la Escritura, a menudo en el contexto del lecho matrimonial o de la belleza del templo. Ponerse algo seductor, que tapa el cuerpo de una mujer justo lo suficiente para aumentar su misterio, es un recurso sexi desde el principio de los tiempos. Cuando una mujer lleva puesta una bonita ropa interior, automáticamente se siente más sexi. ¡Y no hace falta decir que los hombres aprecian el esfuerzo! Estarán de acuerdo en que su vida sexual merece la inversión. En lugar de salir un día a comprar mucho, plantéense apartar un dinero para una nueva pieza o dos de lencería seductora cada mes. Esto no tiene por qué destrozar tu presupuesto. Sal de compras y ten los ojos abiertos por si ves algo nuevo que te haga sentir sexi y con lo que a él se le vayan los ojos detrás de ti.

3. Por turnos, preparen una cita misteriosa para el otro. Quizás la esposa puede hacerlo un mes y el marido, el siguiente. Si va bien, continúen la tradición.

4. Plantéense crear su propia versión de la noche del *sabbat*, algo que funcione de manera natural para los dos. Tal vez pueden ponerse de acuerdo para tener una cena y oración con velas la noche de los viernes, prohibiendo toda tecnología. O pueden convertir la noche de los viernes en su noche sagrada para estar juntos, solo interrumpible en caso de emergencia. Asegúrense de que la velada incluya tiempo para hablar y tiempo para la intimidad. Hay algo curativo y estabilizador en mantener una costumbre como la víspera del *sabbat*, un tiempo semanal diseñado para aminorar el ritmo y conectar con Dios y el uno con el otro.

5. Discutan la idea completa de *sabbat*, y del reposo que nos da, según el propósito con que fue creado. ¿Hay algunas maneras en que puedan traer el concepto de reposo sabático a sus vidas? Si es así, ¿cómo sería?, ¿cómo pueden incorporarlo?

6. Aparten una de sus noches de cita para discutir el tema de la polaridad sexual. Esposas, pregunten a su marido: «¿Qué es lo que más te gusta de ser un hombre? ¿Puedes contarme de algún momento en tu vida en que te sentiste mejor emocionalmente y más masculino?». Maridos, pregunten a su esposa: «¿Qué es lo que más te gusta de ser una mujer? ¿Cuándo te sientes más contenta, feliz y femenina?». Pregúntense mutuamente cómo se pueden ayudar en el área de una identidad sexual sana.

7. Piensa en cómo es tu personalidad y pregúntate: «Soy interesante? ¿Estoy fascinado por la vida?». ¿Eres un hombre de misterio? ¿Eres una mujer envuelta en un halo misterioso? Si te has permitido llegar a ser una persona aburrida, si no estás creciendo, cambiando ni entusiasmándote por la vida, haz algo para arreglarlo. Toma unas clases, adquiere alguna habilidad, sumérgete en un tema que siempre has querido investigar. Lo más importante: sigue creciendo espiritualmente, por medio de la lectura y la oración, participando en un estudio bíblico, cantando en un coro, leyendo libros y biografías espirituales o trabajando como voluntario en la ayuda a los pobres o los enfermos. Amplía tu vida, en términos espirituales, para que cuando se junten para hacer el amor su cama reúna a dos personas espiritualmente maduras y sensibles.

8. Juntos, den gracias por el regalo del sexo. De vez en cuando, en privado, en momentos a solas, den gracias a Dios por la bendición de este regalo de la intimidad, el gozo de la cercanía y de la conexión física.

9. Planeen un viaje romántico/espiritual a Tierra Santa. Hablen de cómo pueden combinar una experiencia sagrada, espiritual, con el romanticismo y la pasión física.

10. Pronuncien una bendición del uno al otro cada día. Podría ser algo que cada uno diga en voz alta al otro por la mañana antes de despedirse, alguna oración que eleven por su pareja en su ausencia, o algo que digan a la hora de la cena (si tienen niños, incluyan una breve bendición para ellos también). Hay muchas bendiciones hebreas hermosas; pueden encontrar una en algún libro o en la Internet.

11. Si arrastran algún bagaje o trauma sexual que los esté dañando de alguna manera, busquen la ayuda de terapeutas cristianos, que sean profesionales y compasivos. Comprométanse a ser parte del proceso de sanación sexual del otro, abrazando el sexo bendecido por Dios y permitiéndole a él que sane viejas heridas.

12. No escatimen en velas. Hay algo sagrado y romántico en cenar, orar, bañarse o hacer el amor a la luz de las velas.

13. Utilicen aromas que acentúen la pasión. El uso de la aromaterapia y de los aceites esenciales es tan antiguo como la Biblia (o más). Prueben los aromas que se sabe que aumentan el deseo; utilicen un poco de aceite esencial erótico mezclado con aceite de coco para darse un sensual masaje a la luz de una vela. O usen un difusor para llenar el dormitorio de un aroma romántico. Los olores pueden ser algo muy personal, así que pruébenlos con el otro antes de llenar su dormitorio de ellos. Y no se pasen. Los aromas deben ser muy ligeros, no perfumes intensos. Pongan música suave de fondo. ¡Creen un nido de amor que rivalice con el de Salomón! En unos antiguos votos nupciales se incluía la frase «Con mi cuerpo, te adoraré». ¿Cómo pueden, con su cuerpo, adorar, amar y traer placer a su pareja?

CONCLUSIÓN

PENSAMIENTOS PERSONALES DE DESPEDIDA

Te he estado amando un poco más cada minuto desde esta mañana.

—VICTOR HUGO, *LOS MISERABLES*

Según el terapeuta de parejas John Jacobs, «El arma más poderosa en la batalla para asegurar la supervivencia de una relación a largo plazo es no dejar de ser consciente de la fragilidad del vínculo marital».

Es decir, las personas que siguen feliz y apasionadamente juntas como pareja durante toda una vida se dan cuenta de lo fácil que es que un matrimonio —cualquier matrimonio, incluso el de dos personas buenas, atentas y bienintencionadas— se vaya al traste. Y, francamente, eso puede suceder en poco tiempo si el esposo y la esposa no lo alimentan y cuidan. Una persona puede llevar a cabo los cambios que comiencen a mejorar un matrimonio, pero al final, cuando se quiere que un amor perdure y mantenga la pasión, hacen falta dos para el tango.

He llegado a la convicción de que las parejas más sabias y apasionadas son las que dan prioridad a su relación por encima de cualquier otra cosa. Justo después de su fe personal, eligen tener un matrimonio centrado en eso, en el matrimonio.

No centrado en la carrera profesional o el trabajo.

No centrado en los niños.

No centrado en un ministerio, en una afición o un deporte.

No centrado en mí ni en ti, sino en nosotros. Un matrimonio centrado en el matrimonio.

He observado que, cuando las parejas eligen convertir su matrimonio en prioridad principal, el resto de los problemas importantes de la vida tienden a equilibrarse por sí solos.

EL MATRIMONIO BIEN ATENDIDO

Las parejas más felices nutren su relación, regularmente, con todos los ingredientes de la pasión de que hemos comentado; con amor, dedican deliberadamente atención cada día a algún aspecto grande o pequeño de su matrimonio.

«El amor no está ahí sin más, como una piedra —escribió la novelista Ursula K. Le Guin—. Necesita elaboración, como el pan; reelaborarlo cada vez y hacerlo nuevo cada día». En Tejas, donde yo crecí, era normal que las mamás y las abuelitas hicieran el más maravilloso pan de masa fermentada que jamás hayas probado, puntuales como un reloj, cada semana. Este pan está leudado de una manera deliciosa y es levemente dulce, pero con un punto amargo que le da un equilibrio especial a su sabor. Si se sirve recién salido del horno con un poco de mantequilla de verdad, es un pedacito de cielo. Y, como recordarás, el pan de masa fermentada reduce los niveles glucémicos; se considera uno de los factores que mantienen sanos y felices a aquellos griegos de Icaria. ¡Así que no solo sabe a cielo, sino que también te ayuda a vivir más años!

Este pan maravilloso empezaba con la «masa madre», que consistía en un mejunje burbujeante de levadura, harina, azúcar y agua que se asentaba como una pasta alienígena en un frasco en la parte posterior del refrigerador. Para que la masa madre funcionara, había que alimentarla. Sí, alimentarla como a una planta. O quizá más bien como a un cachorro, porque había que darle de comer cada día. Los monstruitos de levadura estaban vivos, y sobrevivían a base de darles cada día harina y agua nuevas, así que un buen panadero nunca se olvidaría de alimentar la masa madre. Si se te olvidaba un día, la masa podía morir y el pan no subiría, y eso era casi una tragedia. Si ocurría eso, tenías que comenzar de nuevo, con una masa madre que tenías que pedir, tomar prestada o comprar. Era una molestia enorme, y uno quería evitársela.

El matrimonio es algo casi tan frágil y necesitado de atención como la masa madre. Si pasa mucho tiempo sin que se digan palabras de estímulo, elogio y amor, un matrimonio puede languidecer y acabar muriendo por desatención. El daño que un rechazo o un cónyuge crítico pueden causar en un solo día puede ser enorme, y reducirá la sensación de seguridad y de conexión durante mucho tiempo. Cierta esposa nos contó: «En los que serían los últimos tres años de mi matrimonio, únicamente una vez me dijo mi marido que era bonita y que me amaba. Intenté vivir con el recuerdo de ese único cumplido, mientras pude, pero al final se me rompió el corazón, el amor se murió, y con él nuestro matrimonio». He oído a hombres maduros decir cosas como: «Ya le dije que la amaba cuando nos casamos. No he cambiado de opinión, así que no sé por qué necesita seguir escuchando esas palabras una y otra vez». Por supuesto, la mayor parte de esos hombres ahora duermen solos en su cama de matrimonio.

Baste con decir que un matrimonio es algo vivo, que respira. Aliméntenlo, nútranlo, y alegrará su corazón y bendecirá su vida con una pasión y una alegría cada vez mayores. Descuídenlo o maltrátenlo, y el amor se marchitará y morirá.

BREVE REPASO DE LOS SIETE SECRETOS

Antes de terminar este libro, detengámonos brevemente para una pequeña recapitulación y repasemos la lista de siete secretos para un matrimonio más apasionado, de acuerdo a lo que hemos observado en los países mediterráneos.

1. *El secreto de la sintonización*. Conectar y poner el foco el uno en el otro en algún momento de cada día, de corazón.
2. *El secreto del carácter divertido*. Disfrutar el uno del otro riéndose y divirtiéndose.
3. *El secreto de saborear la comida*. Aprovechar las oportunidades de cocinar, de servir y de saborear una comida deliciosa, tomándonoslo con calma para contarnos las cosas que nos pasan o nuestros pensamientos más profundos.
4. *El secreto de disfrutar la belleza*. Rodearnos deliberadamente de vistas, sonidos y aromas agradables. Ir a lugares inspiradores que sacien el hambre de belleza de nuestra alma. Cuando disfrutamos la belleza —en la naturaleza, en la cultura, o el uno en el otro— conectamos, con el corazón en la mano.
5. *El secreto de la creatividad compartida*. Darse un placer que reforzará su pasión: el de trabajar juntos en proyectos o emprender actividades que los lleven a sentirse en un estado de fluir. Una pasión así surge de esa sensación especial de estar en su zona, trabajando en pareja en algo para lo que sirven su creatividad y talentos.
6. *El secreto de la salud, el bienestar y la longevidad*. Dar prioridad al descanso, al ejercicio natural, a la comida sana, a la intimidad sexual, a un sentimiento de pertenencia a la comunidad, y a madurar en una fe viva.
7. *El secreto de fundir la sexualidad y la espiritualidad*. Disfrutar el sexo, una bendición de Dios increíble, que les da placer físicamente y estrecha sus vínculos espiritualmente.

Quisiera instarte a imprimir dos copias de la lista anterior (puedes encontrar una copia imprimible en mi página web, en Newlife.com) y ponerlas en algún lugar donde puedas verlas a menudo. Quizás puedas pegarla en el espejo del cuarto de baño o en el salpicadero de tu auto, o entre las páginas de tu Biblia. Así te familiarizarás con estos siete secretos para la pasión, y comenzarás a buscar, de manera natural, formas de aplicarlos en tu vida y tu matrimonio.

También te sugeriría que, después de leer este libro, tu pareja y tú se sienten juntos, miren los siete secretos y hablen de en qué áreas necesitan invertir más trabajo. Comiencen con el área que ambos consideran más digna de atención, ¡o quizás con la que les suene más divertida! Dediquen al menos una o dos semanas a centrarse en ese secreto y a aplicar algunas de las sugerencias de su capítulo en su vida cotidiana. Pongan ese plato a girar, por así decirlo. Luego pasen a los otros seis secretos, de uno en uno, aplicando lo que han aprendido.

Te sorprenderá con qué rapidez estas experiencias positivas traerán alivio, sanidad y sentimientos de gozo y pasión a tu matrimonio.

Para otros recursos e ideas sobre cómo implementar el contenido de este libro o dirigir un grupo para explorar estos secretos transformadores, ve a Newlife.com, haz clic en «Plan de amor mediterráneo» y descarga las guías para debates uno a uno y en grupo. Y, por favor, cuéntame tu experiencia escribiendo a SArterburn@newlife.com.

¡LA PASIÓN ES PROACTIVA!

Leonardo da Vinci dijo: «Desde hace tiempo me he dado cuenta de que la gente que cumple sus objetivos rara vez se sienta a ver cómo las cosas ocurren frente a ellos. En su lugar, han salido e hicieron pasar las cosas».

Misty y yo te pedimos desde el fondo de nuestro corazón: por favor, no te quedes sentado esperando que sucedan cosas en tu relación. Haz algo, todos los días, para lograr que se produzca la pasión en tu matrimonio. Trae a tu matrimonio tu entusiasmo personal por la conexión, por la diversión, por la comida, por la belleza, por la creatividad, por la salud, por Dios y por el acto de amar. Si cada uno de ustedes aporta lo más apasionado de su ser a la unión del matrimonio y practica los secretos expuestos en estas páginas, se volverán a enamorar de la misma persona, días tras día, año tras año.

Quiero concluir con el recuerdo de un hombre que vivió toda su vida con pasión, un hombre al que espero emular. Se trata del músico de Ball Avenue, el padre de Misty, Mike. Tras su repentina muerte en 2012, la capilla se llenó a rebosar, sin asientos libres, para un homenaje final y un dulce adiós. Mike había sobrevivido a dos ataques cardiacos, y el tercero le quitó la vida. Dirigí la ceremonia y la preparé como si ese mensaje fuera el más importante que nunca llegaré a compartir, porque lo era.

En día del entierro de Mike, mi hijo pequeño Solomon estaba de pie junto a mí. A sus cinco años de edad, Solomon había escrito su propio panegírico de homenaje a su abuelito. Compartió orgulloso sus recuerdos con todos los allí reunidos. Después de que Solomon hablara, compartí lo que conocía sobre esta alma buena y amorosa, que nunca tuvo muchos bienes materiales, porque lo que tenía siempre lo compartía con generosidad. Pude narrar la historia que la mamá de Misty, Penny, me había contado sobre la noche anterior a su fallecimiento. Mike se encontraba en unos grandes almacenes locales cuando la señora que estaba delante de él se dio cuenta de que no tenía suficiente para pagar la compra. La mujer buscaba en su monedero, y Mike se percató del problema. No quería avergonzarla, pero sentía la obligación de hacer algo. Buscó en su bolsillo y sacó el dinero que tenía; entonces se lo pasó discretamente a la mujer diciéndole con un susurro: «Tenga, esto es para su compra». Ella abrió la mano y aceptó el obsequio, confundida y sonriente, mientras Mike se alejaba rápidamente, pues no quería que ella se lo pensase, se molestase o tratara de agradecérselo o preguntar por qué. No quería que ella supiera su nombre; no quería gloria ninguna por su obsequio. Solo quería que esa mujer pudiera pagar sus compras y tal vez sentirse contemplada y cuidada por un Dios de amor y pasión. A Mike nunca le preocupó quedarse con las manos vacías si podía llenar el corazón de alguna otra persona. De esa clase de hombre era.

Otros asistentes también compartieron sus recuerdos de Mike. Sonreímos, asentimos y nos secamos las lágrimas. Entonces, como tributo, llenamos la capilla de música, su música, y Penny, y Misty y sus hermanas, junto con los maridos e hijos, nos pusimos todos a bailar una de sus canciones preferidas. Era el tema que él siempre ponía al final de sus «sesiones de DJ», cuando llamaba a todos a la última canción: colocaba la aguja en el vinilo y ponía el tema de Jesse Belvin *Goodnight, My Love* [Buenas noches, mi amor].

Su vida fue breve, solo sesenta y siete años, pero Mike los vivió bien, y todavía nos inspiran su generoso amor, sus enseñanzas, su risa y su corazón. Unos días después del funeral, conocí algunos detalles de sus últimos momentos de pasión y amor, su número final apoteósico antes de dejar este mundo. Verás, esa noche, una vez hubo regresado a casa tras salir a comprar, puso uno de sus viejos discos y tomó a Penny entre sus brazos. Se rieron y hablaron de los viejos tiempos, inmersos en sus sentimientos románticos, recordando sus inicios juntos como una pareja de jóvenes, cuarenta y ocho años atrás, y haciendo memoria de todo lo que había sucedido desde entonces. Bailaron, mejilla con mejilla, sonrisa con sonrisa, en la sala de estar. Estuvieron levantados toda la noche juntos, hasta que se fueron al dormitorio hacia las seis de la mañana, por última vez. Allí hicieron el amor, un dulce final después de una noche perfecta de celebración de sus lazos, de su gratitud mutua y de su amor sincero. Y, cuando al final se fueron a dormir, Mike ya no despertó más.

Su amor había sobrevivido a los tiempos difíciles, a momentos muy duros y, en ocasiones, a hijos problemáticos. Pero su amor lo soportó, creció y prosperó hasta el fin. Mike le dijo una vez medio en broma a su esposa: «Penny, si alguna vez fueras en un avión y se estrellara en la montaña, no me importa lo que dijeran las noticias, yo escalaría esa montaña para buscarte y ver con mis propios ojos si habías sobrevivido o no». Penny rio y asintió con aire cómplice, e inmediatamente replicó: «Bueno, si sobreviviera a un accidente así, me mantendría viva sabiendo que ibas a venir a buscarme».

Grande amore.

Mike permanece en los corazones y recuerdos de todos nosotros. Dejó un gran legado que transmitiremos a nuestros hijos y nietos. Es un legado de vivir con toda la pasión, la consciencia y el amor desinteresado que podamos, amando a nuestra pareja con cada gota de nuestra energía, dedicándose a sus corazones de la misma manera que Dios, el que ama nuestra alma, se dedica apasionadamente a nosotros todos los días de nuestra vida.[1]

Si los dos están dispuestos a emprender esta sagrada aventura, ustedes conocerán también un *grande amore.*

Amar o haber amado, esto basta. No pidáis nada luego. No es posible encontrar otra perla en los pliegues tenebrosos de la vida.

—VICTOR HUGO, *LOS MISERABLES*

NOTAS

Introducción. ¿Matrimonio monótono o un grande amore?

1. Para más información sobre cómo las relaciones afectan el envejecimiento, aquí tienes algunos fascinantes recursos: University of North Carolina at Chapel Hill, «Social Networks as Important as Exercise, Diet across the Span of Our Lives: Researchers Show How Social Relationships Reduce Health Risk in Each Stage of Life», *ScienceDaily*, 4 enero 2016, www.sciencedaily.com/releases/2016/01/160104163210.htm; Howard S. Friedman y Leslie R. Martin, *The Longevity Project: Surprising Discoveries for Health and Long Life from the Landmark Eight-Decade Study* (New York: Plume, 2012); Dan Buettner, *The Blue Zones: Nine Lessons for Living Longer from the People Who've Lived the Longest*, 2a ed. (Washington, DC: National Geographic, 2012).

Capítulo 1. Los siete secretos mediterráneos para la pasión

1. Marghanita Laski, *Ecstasy: A Study of Some Secular and Religious Experiences* (Westport, Conn.: Greenwood, 1968).

Capítulo 2. El secreto de la sintonización

1. Sidney M. Jourard, «An Exploratory Study of Body-Accessibility», *British Journal of Social and Clinical Psychology* 5, no. 3 (septiembre 1966): 221–31.
2. Aaron Ben-Zeev, «Why a Lover's Touch Is So Powerful», *Psychology Today*, 18 marzo 2014, www.psychologytoday.com/blog/in-the-name-love/201405/why-lovers-touch-is-so-powerful.
3. Francesca Di Meglio, «Italian Men: Why Women Can't Get Enough of Them», *Italiansrus.com* (s.f.), www.italiansrus.com/articles/ourpaesani/italianmen.htm.
4. «Italian Men Seduce with Dante at the Beach», agosto 2003, *Zoomata*, http://archiver.rootsweb.ancestry.com/th/read/ITA-SICILY/2003-08/1061652516.
5. Di Meglio, «Italian Men».

6. Ray Williams, «Eight Reasons Why We Need Human Touch More Than Ever», *Psychology Today*, 28 marzo 2015, www.psychologytoday.com/blog/wired-success/201503/8-reasons-why-we-need-human-touch-more-ever.

7. Francesca Di Meglio, «Three Winning Tips from Italian Lovers», *Italiansrus.com* (s.f.), www.italiansrus.com/articles/ourpaesani/lovetips.htm.

8. Ibíd.

9. Ibíd.

10. John Fox, «When Someone Deeply Listens to You», *The Institute for Poetic Medicine*, http://www.poeticmedicine.org/resources-by-john-fox%2C-cpt.html. (Clic en «Poetry by John Fox», y luego en el título del poema.)

Capítulo 3. El secreto de un carácter divertido

1. «How Did Latomatina Start?», *LaTomatinaTours*, www.latomatinatours.com.

2. Andrea Elyse Messer, «Playfulness May Help Adults Attract Mates, Study Finds», *Penn State News*, 3 agosto 2012, http://news.psu.edu/story/147649/2012/08/03/playfulness-may-help-adults-attract-mates-study-finds.

3. Ibíd.

4. Ibíd.

5. «The Spaniard: Everything You Need to Know for Dealing with the Locals», *Just Landed* (s.f.), www.justlanded.com/english/Spain/Spain-Guide/Culture/The-Spaniard.

6. Jodie Gummow, «The Twelve Most Sexually Satisfied Countries», *AlterNet*, 18 febrero 2014, www.alternet.org/sex-amp-relationships/12-most-sexually-satisfied-countries.

7. Isabel Allende, *De amor y de sombra*, citado en www.goodreads.com/quotes/345723-for-women-the-best-aphrodisiacs-are-words-the-g-spot-is.

8. Victoria Woollaston, «Spain's the Place to Live! Spanish Is the Happiest Language in the World—and Its People Are the Most in Love», *Daily Mail Online*, 13 febrero 2015, www.dailymail.co.uk/sciencetech/article-2952082/Spain-s-place-live-Spanish-happiest-language-world-people-love.html.

9. Puede encontrarse más información sobre Cari en www.carijenkins.wordpress.com.

10. Elyssa Garrett, «Eleven Things Americans Could Learn from the Spanish», *Matador Network*, 24 febrero 2015, http://matadornetwork.com/abroad/ 11-things-americans-learn-spanish/.

11. «The Spaniard: Everything You Need to Know for Dealing with the Locals», *Just Landed* (s.f.), www.justlanded.com/english/Spain/ Spain-Guide/Culture/The-Spaniard.

Capítulo 4. El secreto de saborear la comida

1. Elizabeth Bard, *Lunch in Paris: A Love Story, with Recipes* (New York: Little Brown, 2010), p. 245.

2. Jodie Gummow, «The Twelve Most Sexually Satisfied Countries», *AlterNet*, 18 febrero 2014, www.alternet.org/sex-amp-relationships/12-most-sexually-satisfied-countries.

3. Matt Bean, «Edible Seduction», *Men's Health*, 29 septiembre 2011, www.menshealth.com/health/edible-seduction.

4. Ibíd.

5. Ibíd.

6. Samantha Olson, «Foodies and Food Lovers Are Typically Healthier, Engage in More Physical Activity and Adventure», *Medical Daily*, 7 julio 2015, www.medicaldaily.com/foodies-and-food-lovers-are-typically -healthier-engage-more-physical-activity-and-341610.

7. Ibíd.

8. Kimberly Snyder, «Twenty-Five Foods That Are Natural Aphrodisiacs», *KimberlySnyder.com*, 3 octubre 2011, http://kimberlysnyder.com/ blog/2011/10/03/25-foods-that-are-natural-aphrodisiacs/.

9. Francesca Di Meglio, «Three Winning Tips from Latin Lovers», *Italiansrus .com* (s.f.), http://italiansrus.com/articles/ourpaesani/lovetips_part3.htm.

10. Becky Johnson y Rachel Randolph, *We Laugh, We Cry, We Cook* (Grand Rapids, Mich.: Zondervan, 2013), p. 134.

11. Paula Butturini, *Keeping the Feast* (New York: Riverhead, 2010), pp. 258–59.

12. Johnson and Randolph, *We Laugh, We Cry, We Cook*, p. 9.

13. Cambria Bold, «Ten Questions to Ask Your Partner at the Dinner Table», *Kitchn*, 19 mayo 2015, www.thekitchn.com/10-questions-to-ask-your -partner-at-the-dinner-table-219337.

Capítulo 5. El secreto de disfrutar la belleza

1. Elizabeth von Arnim, *Un abril encantado* (Madrid: Alfaguara, 2014), p. 1 de la edición en inglés.
2. Ibíd., p. 58 de la edición en inglés.
3. Ibíd.
4. Ibíd.
5. Ibid, p. 59 de la edición en inglés.
6. Emmanuel Stamatakis, Mark Hamer, y David W. Dunstan, «Screen-Based Entertainment Time, All-Cause Mortality, and Cardiovascular Events», vol. 57, no. 3, *Journal of American College of Cardiology* (2011): pp. 292–99.
7. «Spending Time in Nature Makes People Feel More Alive, Study Shows», *University of Rochester*, 3 junio 2010, www.rochester.edu/news/show.php?id=3639.

Capítulo 6. El secreto de la creatividad

1. Ernest Hemingway, *París era una fiesta* (Barcelona: Debolsillo, 2014), p. 6 de la edición en inglés.
2. Mihaly Csikszentmihalyi, *Fluir (flow). Una psicología de la felicidad* (Barcelona: Kairós, 2008), p. 15.
3. Amie Gordon, «Psychology Says Couples Who Play Together Stay Together», *Psych Your Mind*, 9 enero 2012, http://psych-your-mind.blogspot.com/2012/01/psychology-says-couples-who-play.html.
4. Bianca P. Acevedo, Arthur Aron, Helen E. Fisher, Lucy L. Brown, «Neural Correlates of Long-Term Intense Romantic Love», *Social Cognitive and Affective Neuroscience*, 7 (2) (Febrero 2012): pp. 145-59.
5. Carolyn Gregoire, «The Psychology of Loves That Last a Lifetime», *Huffington Post*, 21 mayo 2014, www.huffingtonpost.com/2014/05/21/psychology-of-lasting-love_n_5339457.html.
6. Ibíd.

Capítulo 7. El secreto de la salud y la longevidad

1. Dan Buettner, «The Island Where People Forget to Die», *New York Times Magazine*, 24 octubre 2012, http://www.nytimes.com/2012/10/28/magazine/the-island-where-people-forget-to-die.html?_r=0.
2. El material de esta sección lo he tomado de los siguientes recursos: Buettner, «The Island Where People Forget to Die»; Dan Buettner, *The*

Blue Zones: Nine Lessons for Living Longer from the People Who've Lived the Longest, 2a ed., Kindle ed. (Washington, DC: National Geographic, 2012); Anita Sullivan, *Ikaria: A Love Odyssey on a Greek Island* (Amazon Digital Services, 2008); Diane Kochilas, *Ikaria: Lessons on Food, Life, and Longevity from the Greek Island Where People Forget to Die* (Emmaus, Pa.: Rodale, 2014).

3. Buettner, «The Island Where People Forget to Die».

4. Mary Jacobs, «Lessons for a Long Life, from Those Who Live in "Blue Zones"», *Dallas Morning News*, 12 mayo 2014, www.dallasnews.com/real-estate/senior-living/headlines/20140512-lessons-for-a-long-life-from-those-who-live-in-blue-zones.ece.

5. Konstantinos Menzel, «Greece Most Sexually Active Nation, Condom Maker Says», *Greek Reporter.com*, 20 mayo 2014, http://greece.greekreporter.com/2014/05/30/greece-most-sexually-active-nation/.

6. Ibíd.

7. «Greece Ranked among the Most Active and Least Laziest Countries in the World!», *Greek Gateway*, 26 abril 2016, www.greekgateway.com/news/greece-ranked-among-the-most-active-and-least-laziest-countries-in-the-world.

8. Anastassios Adamopoulos, «Greeks Have an Average Life Expectancy of 81.4 Years», *Greek Reporter*, 4 noviembre 2015, http://greece.greekreporter.com/2015/11/04/greeks-have-an-average-life-expectancy-of-81-4-years/#sthash.zdiPqqBP.dpuf.

9. Associated Press, «Leaner Nations Bike, Walk, Use Mass Transit», *NBC News*, 15 diciembre 2008, www.nbcnews.com/id/28235890/ns/health-fitness/t/leaner-nations-bike-walk-use-mass-transit/#.VyBHbFYrLIU.

10. «Impact of Daily Exercise on Development of Alzheimer's Disease», *New York Behavioral Health*, 29 mayo 2013, http://newyorkbehavioralhealth.com/impact-daily-exercise-on-development-alzheimers.

11. Daniel G. Amen, «The Best Anti-Aging Secret», 20 agosto 2015, http://danielamenmd.com/best-anti-aging-secret/.

12. Ozzie Jacobs, «Effect of Exercise on Sex Drive», *Livestrong*, 24 junio 2015, www.livestrong.com/article/80273-effect-exercise-sex-drive/.

13. Ibíd.

14. Deborah Dunham, «Could Exercise Be Your Key to Happily Ever After?», *Youbeauty*, 9 mayo 2012, www.youbeauty.com/aha/exercise-improves-relationships/.

15. Ibíd.
16. Ibíd.
17. Ibíd.

Capítulo 8. El secreto de fundir lo sagrado y lo sexual

1. Sabrina Bachai, «Top Ten Reasons Why Sex Is Good for You», *Medical Daily*, 20 mayo 2013, www.medicaldaily.com/top-10-reasons-why-sex -good-you-246020.
2. Tracey R. Rich, «Kosher Sex», *Judaism 101*, www.jewfaq.org/sex.htm.
3. Earl Henslin, *This Is Your Brain in Love* (Nashville: Thomas Nelson, 2010), p. 21.
4. Shmuley Boteach, *The Kosher Sutra: Eight Sacred Secrets for Reigniting Desire and Restoring Passion for Life* (New York: Harper One, 2009), p. 107.

Conclusión. Pensamientos personales de despedida

1. John Eldredge y Brent Curtis escribieron un gran clásico: *El sagrado romance* (Nashville: Caribe Betania, 2001), acerca de la pasión con la cual Dios va por nosotros, describiéndolo como un amante que no se conformará con menos que todo nuestro corazón. Altamente recomendable.

ACERCA DE STEPHEN ARTERBURN

Stephen Arterburn es el fundador y presidente de New Life Ministries y dirige *New Life Live!*, el programa de aconsejamiento cristiano número uno, emitido a nivel nacional, que escuchan y ven más de dos millones de personas cada semana, desde casi doscientas emisoras de radio de todo Estados Unidos, en las radios por satélite de XM y Sirius, y en la red televisiva NRBTV. También es el fundador y creador de Women of Faith, a cuyas conferencias asisten más de cinco millones de mujeres. Además, sirve como pastor maestro en Northview Church, en Carmel, Indiana.

Steve dirige también New Life TV, un canal web dedicado a transformar vidas por medio de la verdad de Dios. Steve es un orador reconocido a nivel nacional e internacional, y ha intervenido en espacios mediáticos como *Oprah*, *Inside Edition*, *Good Morning America*, *CNN Live*, *The New York Times*, *USA Today*, *US News and World Report*, *ABC World News Tonight* y, curiosamente, en las revistas *GQ* y *Rolling Stone*. Steve ha hablado en eventos importantes de National Center for Fathering, American Association of Christian Counselors, Promise Keepers Canadá, Life Well Conferences en Australia, y El Ejército de Salvación, por mencionar algunos.

Stephen Arterburn es un galardonado autor de *best sellers* con más de diez millones de ejemplares. Ha escrito o participado en libros como *La batalla de cada hombre*, *Healing Is a Choice*, y sus títulos más recientes son *Take Your Life Back*, *Take Your Life Back Day by Day*, y *The Twelve Gifts of Life Recovery*. Ha sido nominado a numerosos premios literarios y ha obtenido tres medallas de oro a la excelencia en la escritura. Steve ha creado y editado diez Biblias especializadas y de estudio, entre las que destaca la que realizó con el doctor Stoop, la número uno en ventas *Life Recovery Bible*.

Los temas de sus exposiciones abordan asuntos que resultan familiares a líderes y a hombres y mujeres adultos, con títulos como: *La batalla de cada hombre, Lose It for Life, Is This the One?, Toxic Faith, Take Your Life Back*, y *Every Man a Leader*.

Steve es graduado por la Baylor University y la University of North Texas, y posee dos doctorados honorarios. Steve reside junto a su familia en Fishers, Indiana.

ACERCA DE
NEW LIFE MINISTRIES

New Life Ministries, fundado por Stephen Arterburn, nació en 1988 como New Life Treatment Centers. El programa de New Life emitido a nivel nacional, *New Life Live!*, comenzó ya en 1995. Las conferencias Women of Faith, también fundadas por Stephen Arterburn, comenzaron en 1996. La red de aconsejamiento New Life's Counselor Network se constituyó en el año 2000, y TV.NewLife.com, nuestro canal de televisión por la Internet, se lanzó en el año 2014.

La misión de New Life es «transformar vidas por medio de comunicar la verdad de Dios con un espíritu compasivo y conectando a las personas en relaciones redimidas».

New Life Ministries es una organización no lucrativa, confesional, reconocida en todo Estados Unidos, dedicada al aconsejamiento y a la emisión de nuestros programas. Realizamos nuestro ministerio por medio de la radio, la televisión, nuestra red de aconsejamiento, talleres, grupos de apoyo y numerosos recursos impresos y audiovisuales. Todos los recursos de New Life se basan en la verdad de Dios y ayudan a las personas que sufren a encontrar y construir conexiones y experiencias transformadoras.

Nuestro programa radiofónico *New Life Live!* sigue siendo la parte central del ministerio, y se emite en emisoras de radio cristianas de más de 150 mercados, incluyendo las principales áreas metropolitanas y radios por satélite XM/SIRIUS. *New Life Live!* puede también verse en NRB, SkyAngel y The WalkTV, así como en nuestro canal de televisión por la Internet.

Nuestra pasión es llegar con un espíritu compasivo a aquellos que buscan sanidad emocional y espiritual, para la gloria de Dios. El centro de recursos de New Life Ministries recibe cada mes miles de llamadas de personas que nos piden ayuda. Miramos al futuro con la esperanza de que Dios siga bendiciendo nuestro ministerio y a aquellos a quienes servimos.

www.newlife.com